LE VIN DE PAILLE
DU JURA

Philippe Bétry

Le vin de paille du Jura

Le nectar des dieux en terre jurassienne

Lons-le-Saunier

MMXII

Du même auteur

Éditions Aréopage
Pierre Carpentier, l'artisan cuisinier (sauf les recettes…)
Jean Vuillemey, vitraux dans le Jura (ouvrage collectif)
Jean Vuillemey, peintures (ouv. col.)
Guy Breniaux, mythologies (ouv. col.)
Guy Breniaux, Harmonie = Lumière (ouv. col.)
Le sourire de l'ogre, à paraître.

Éditions Stéphane Bachès et Septéditions
Passions du Jura (ouv. col.)

Septéditions
Villages du Jura vol 1
Villages du Jura vol 2
Le Meilleur du Jura vol 1
Le Meilleur du Jura vol 2
Villages de Bresse
Le Meilleur de la Bresse

Aréopage

26, rue La Fayette
F-39000 Lons-le-Saunier
www.areopage.info

Les Photographies sont de l'auteur, sauf mention particulière.
Couverture, frontispice ainsi que pages 51, 79, 115 et 185 : Cl. Christophe Menozzi.

© Éditions Aréopage 2012
ISBN : 978-2-908340-94-5

Avertissement

Cet ouvrage est un des premiers sinon le premier entièrement consacré au *Vin de Paille*. Il n'est pas l'œuvre d'un spécialiste, tout au plus d'un amateur au sens premier de celui qui aime. Bien entendu, les professionnels du vin, œnologues, vignerons, viticulteurs, cavistes etc. pourront le trouver insuffisant, incomplet, approximatif, et surtout non exhaustif. En effet, l'auteur n'a pas rencontré, hélas, tous les producteurs de vin de paille, loin de là : ils sont bon an mal an une petite centaine à en produire, avec des résultats divers, des reflets et des arômes différents, selon la composition du breuvage, son millésime, son terroir. D'autres mériteraient assurément de figurer aussi dans ces pages. Les rencontres ont eu lieu au cours de l'automne 2011. Certains aspects auraient peut-être été différents une autre année…

Après avoir décrit les méthodes de récolte, de séchage, de pressurage et d'élevage, s'être essayé à remonter dans le temps à travers quelques ouvrages anciens, il s'est contenté de suivre ses envies, ses émotions, ses impressions. Ce n'est donc pas non plus un ouvrage technique, chargé d'analyses chimiques ou biochimiques. Il est entièrement subjectif; et c'est pour cela qu'il est vrai.

Dégustez-le comme tel, avec un bon verre de ce sublime nectar aux reflets délicatement ambrés…

Comme une idée de Paradis

L'ÉTÉ JETAIT toute son ardeur et ses derniers feux avant de mordorer les feuillages d'automne. Les lourdes grappes, gorgées du sang de la vigne et de la terre n'échappaient pas à l'œil vigilant et au sécateur incisif des vendangeurs qui transpiraient en avançant dans les lignes afin de remplir au plus vite les « comportes ».

De temps à autre, quelques éclats de voix, des rires, des engueulades vite estompées dans la pression du moment. Vite, vite ; coupe, coupe avant la possible arrivée d'un orage. Vite, vite ; coupe, coupe, il faut que le pressoir tourne et fasse jaillir le jus du raisin.

En fin de journée, quand la chaleur de l'effort ne s'est pas encore effacée des corps et que la fatigue n'est pas encore — trop — perceptible dans les bras et les reins, tandis que le patron verse à ses vendangeurs un rafraîchissant crémant dont la buée et les bulles sur les parois du verre sont promesses de bonheur, un joyeux brouhaha dit la satisfaction de la journée accomplie dans l'espérance d'un futur nectar. Le ton monte d'un cran, les plaisanteries et les *mises en boîte* fusent, les anecdotes se multiplient, un léger chahut s'instaure que contrôle, paternel, le patron ; les yeux pétillent, en écho au vin dans les verres. On trinque, on s'exclame, on s'esclaffe, comme un entraînement pour la fin de vendanges où l'on se débridera un peu plus — même si pour diverses raisons on sacrifie aujourd'hui moins que jadis à Bacchus…

C'est le temps des vendanges, des retrouvailles avec la terre et ses fruits que certain(e) s ne manqueraient pour rien au monde dans la joie bruyante, les clameurs, l'agitation, l'animation, voire l'exubérance de la vie dont le vin, selon certains, serait la fontaine jaillissante.

Les mois passent. Les feuilles ont rougi, jauni, sont tombées. Les brumes d'automne se sont accrochées aux pieds de vigne dégarnis tandis qu'au loin résonnaient, étouffées, les coups de fusil des chasseurs sur la trace du *gros*. Le sol est devenu plus dur et craquant après un épisode boueux. Le gel s'est installé derrière une légère couche de neige (… sauf quelques années particulièrement chaudes!). Les bruits se sont estompés, assourdis, pour ne pas réveiller, troubler la Nature assoupie qui se régénère. Le vin dans les tonneaux travaille son alchimie mystérieuse.

C'est là, quand tout s'apaise et s'atténue, dans le calme et la sérénité attentionnée, avec des gestes de bénédictins que va s'accomplir enfin le Grand Œuvre. Les plus belles grappes, celles sans défaut, cueillies précautionneusement par quelques vendangeurs de confiance et conservées depuis dans un endroit propice, dans la pénombre, allongées alanguies sur les claies sous un œil attentif ou suspendues espacées au plafond, qui ont au fil des mois concentré leur quintessence, vont maintenant exprimer toute la puissance et la douceur intense dc leur suc dans une ampleur majestueuse.

Ces grappes qui paraissent aujourd'hui flétries, qui ont évacué le superflu, avaient été choisies avant toutes les autres, ou mises de côté en attendant le moment propice mais toujours à l'écart de la grande fête vendangeuse. Repérées et examinées d'un œil sûr pour leur état sanitaire et leur qualité irréprochables, dans l'éclat de leur maturité, sans le moindre défaut qu'aurait pu cacher une feuille, puis disposées doucement, sans précipitation, sur un seul rang d'épaisseur dans une cagette — parfois sur un lit de paille douillette, elle-même soigneusement choisie — qui sera leur couche durant plusieurs mois caressée par le vent léger, ou suspendues dans un splendide isolement l'une de l'autre, les grappes élues vont connaître leur apothéose, dans le grand calme hivernal de la Nature apaisée. Plus que tout autre, ce produit méritera le propos du poète Francis Ponge sur le vin « *produit de la patience humaine.* »

À leur tour, elles vont connaître une pressée elle aussi apaisée. Douce et insistante pour que coule un jus doré et consistant comme miel. D'où s'exhalent déjà des arômes enivrants, un jus recueilli précautionneusement jusqu'à la dernière goutte du dernier filet qui s'écoule dans le silence de l'effort. Toute l'âme du raisin est là, concentrée. Qui va maintenant entrer en méditation pendant trois ans au moins, quelquefois plus, dans le silence des caves avant de rejaillir dans son éclat ambré, à l'image de cette matière mythique et magique plus estimée que l'or par les Anciens et attribut d'Apollon.

Dès la cueillette et jusqu'à la pressée avant la mise en tonneaux, c'est avec lenteur, patience et dans le silence, loin de la foule, loin du tumulte perturbateur d'harmonie, avec des gestes précis et attentionnés, sans précipitation mais avec onction et pour les initiés au bonheur d'un grand liquoreux que s'élabore *le vin de paille*.

D'autant plus désiré qu'il sait se faire attendre.

Pour nous donner comme une idée du Paradis…

Une histoire
mystérieuse

Les vins sont comme beaucoup d'œuvres humaines.
Il en est qui grandissent à la fois ceux qui les font
et ceux qui en usent. Le vin de paille est de ceux-là
Claude Royer, ethnologue, CNRS

LE VIN DE PAILLE : un vin liquoreux du Jura (le seul vin de paille avec celui de la région de l'Hermitage dans les Côtes du Rhône septentrionales à bénéficier de l'Appellation d'Origine Contrôlée) aujourd'hui en pleine expansion après avoir failli disparaître au XXe siècle (alors qu'au XIXe il figurait en bonne place dans la gamme des vins) en raison de nombreuses difficultés et d'un coût de production trop élevé entraînant son délaissement. Heureusement, certains surent conserver le savoir-faire nécessaire et redémarrèrent timidement la production dans les années cinquante avant de connaître une véritable renaissance dans les années soixante-dix où ne restaient plus quinzaine de vignerons le commercialisant, et surtout les années quatre-vingt avec la relance viticole. Un vin que l'on peut qualifié de confidentiel, ne représentant *grosso modo* que 1 % de la production totale des vins jurassiens (1 000 hectos en moyenne sur 100 000 hectos) et qui ne pourra jamais atteindre les gros volumes compte tenu de son mode d'élaboration et de ses exigences. Mais un vin qui peut rivaliser avec n'importe lequel des autres grands liquoreux, tels le Sauternes.

Le vin de paille remonte à la plus haute antiquité, aurait pu écrire Alexandre Vialatte selon une de ses expressions favorites… En fait, ce n'est pas tout à fait cela, même si la référence à ce nectar est signalée dans le Jura dès le XIVe siècle dans quelques documents. Il s'agit sans doute de l'un des vins qu'il est le plus difficile à suivre dans les documents, car il resta pendant longtemps une production

Des saints protecteurs

Si saint Vincent (le 22 janvier) et saint Vernier (le 19 avril, surtout fêté dans le Jura) sont les plus connus des saints protecteurs de la vigne,

d'autres apportent leur protection aux vignerons et à leur travail.

Ces saints successeurs des dieux antiques patronnent généralement une seule profession, et inversement ; mais pour la viticulture, on n'en recense pas moins d'une trentaine qui tout au long de l'année et selon les traditions régionales, balise la route du vin, ainsi que le relève Jean-François Gautier (*op. cit.*)

On en trouve en hiver invoqués pour favoriser la montée de la sève (saint Vincent, saint Paul, saint Blaise, saint Aubin etc.), au printemps pour préserver des gelées et favoriser la floraison (saint Gauthier, saint Vernier, saint Georges, saint Marcellin, saint Jean-Baptiste), l'été ils feront mûrir le raisin et le viticulteur devra leur offrir les prémisses de la récolte (saint Pierre, saint Laurent, Notre Dame, saint Roch) ; enfin à l'automne les saints seront honorés lors de la vendange et pour la bonification du vin nouveau (saint Serge, saint Martin, saint Nicolas, saint Urbain, etc.) sans oublier saint Bacchus, dont la fête se célèbre le dimanche qui suit la saint Serge (le 7 octobre), l'époque des anciennes bacchanales d'automne…

À l'église d'Arlay :
le vitrail de saint Vincent
(page de gauche)
et un tableau au dessus
de l'autel représentant
saint Vincent emprisonné.

Si ce saint fait sourire, à tort, il faut savoir que Rome possédait quatre sanctuaires placés sous les patronages conjoints de Serge et Bacchus. Également à Paris jusqu'au XIIe siècle une église édifiée au VIe siècle était dédiée à saint Bacque (ou Bache) et saint Serge. Elle fut reconstruite sous le nom de saint Benoît.

Mais dans le Jura, c'est saint Vincent et saint Vernier qui sont surtout fêtés, sans oublier le beau rituel du Biou, toujours très honoré.

On remarquera que la saint Vincent se célèbre à l'époque des Lénéennes ou fête des pressoirs dans l'antique Grèce… et que c'est l'époque de la pressée du vin de paille à Arlay !

essentiellement à usage domestique, que l'on partageait en famille et entre amis, que l'on réservait à certains événements ou circonstances notamment en tant que *remède*.

Pour autant, Alain de Laguiche (château d'Arlay), plongé dans les archives familiales – ô combien imposantes – a découvert un reçu datant de 1775 faisant explicitement référence à un vin de paille du domaine, attestant donc de son existence. D'autres documents datant de 1760, 1766 ou 1787 confirment aussi cette existence. Dans un ouvrage datant de la même période, le sieur Chevalier, gentilhomme-viticulteur et historien de Poligny explique que le vin de paille aurait été fabriqué pour la première fois dans cette ville en 1764. Lui-même aurait eu connaissance de la recette par l'intermédiaire du major Dagay qui l'aurait relevée à Colmar.

Quant au célèbre J-A Chaptal il évoque à deux reprises l'expression *vin de paille*… mais pour les vins d'Alsace et de Touraine! Il parle par contre de vendanges tardives à Arbois et Château-Chalon.

Jean-François Bourdy, pour sa part, peut présenter derrière les superbes grilles en fer forgé de la cave du domaine, un vin de paille de 1815. De son côté un collectionneur arboisien possède dans sa cave une bouteille identifiée comme un vin de paille daté de 1811, que Christophe Ménozzi retrouve… en photo dans sa riche iconographie, au côté d'un surprenant *vin jaune de paille* daté des environs de 1890 Clos Gerbet de chez Buchaillat à Ugia (?) une bouteille de 45 cl.

Comment est-il né, ce vin mythique? Ou quelle fut peut-être sa re-naissance, les vins à forte sucrosité ayant été connu de fort long temps? Sans doute par hasard. Des grappes oubliées sur vigne au moment de la vendange ou au moment de presser. Un oubli d'étourderie, d'erreur ou de contrainte quand des conflits et batailles entravaient le travail des paysans; une mesure de précaution peut-être avec des grappes mises de côtés, thésaurisées pour abonder une récolte future que l'on craint maigre.

On a évoqué ainsi la démarche de curés contraints de prévoir la préparation de l'indispensable vin de messe dans des régions peu propices à la vigne (car on en cultivait partout néanmoins pour les nécessités du rite) ou les années froides et conservant précieusement

Dans les caves Jean Bourdy (Arlay) un Vin de Paille de 1815.

des grappes afin de pourvoir à la pénurie après avoir fait sécher celles-ci pour concentrer leur moût et le vinifier.

Grappes retrouvées ou ressorties quelques mois après, que l'on décide d'essayer de presser après avoir constaté sa haute concentration en sucre. Et découverte émerveillée du bonheur de le boire ! Vin que l'on conserve précieusement car l'on devine rapidement ses qualités reconstituantes, guérisseuses, toniques par rapport aux *vins de soif* que l'on produisait essentiellement alors. Vin qui ne se commercialisait guère, où chacun avait sa recette et qui ne se partageait qu'en famille ou entre amis proches. D'où un cheminement difficile à retrouver.

Une recette qui, elle aussi, est sans doute née du hasard, en mettant dans le pressoir les grappes que l'on avait conservé et que selon les goûts de chacun ou le hasard de ce qui restait, on modulait entre les divers cépages. Cela avant que les définitions accompagnant la commercialisation réglementent ou du moins encadrent ces recettes, chacun accentuant plus ou moins tel ou tel cépage dans ce cadre en tenant compte de l'image maison… mais aussi en fonction de la récolte de l'année qui peut conduire à modifier les pourcentages respectifs des cépages. D'autant que, jadis, l'assemblage était la règle.

Il semblerait que la technique du vin de paille remonte à la période pré-romaine, et se pratiquait au nord de l'Italie et dans les

Collection Christophe Menozzi.
Deux vénérables flacons.

À gauche :

Vin Jaune de Paille,

Clos Gerbet

Buchaillat Frère

à ?UGEA

À droite un Paille de 1811.

Cl. Christophe Menozzi.

Alpes françaises[1]. Aujourd'hui, d'autres producteurs de certaines régions se sont aussi mis à la production de ce vin liquoreux, même s'ils n'ont pas le droit de l'appeler vin de paille.

Ces vins de paille sont en général très doux, semblables dans la densité aux Sauternes et ont une longue durée de vie. La méthode de production non mécanisée mais à fort besoin de main-d'œuvre de qualité, comme le faible rendement de cette vendange rend ces vins assez cher, tout à l'image de notre vin de paille jurassien.

À Queyssac-les-Vignes dans le sud de la Corrèze où l'on produit de longue date un *vin paillé*, une légende, qui authentifie la tradition ancestrale de cette production, associe le bon saint Éloi à la renommée de ce vin. On raconte qu'en 622, l'évêque Éloi, se rendant en pèlerinage à Rocamadour, fit étape à Queyssac. On lui apporta des victuailles et une jarre de vin paillé. L'évêque l'apprécia vivement et le trouva fort reconstituant. Aussi en commanda-t-il quelques outres, qu'il rapporta plus tard au roi Dagobert. Lequel lui fit tellement honneur que c'est à la suite de cela qu'il aurait mis sa culotte à l'envers ! Une légende bien sûr, Dagobert ayant été un grand roi, mais qui met en lumière l'ancienneté de ce type de vin.

---

1. Le poète grec Hésiode, voici 2 800 ans conseillait dans « Les travaux et les jours » de laisser les grappes sécher au soleil avant de les fouler, prenant exemple sur une méthode observée dans le delta du Nil.

Dans les caves Jean Bourdy (Arlay) un Vin de Paille de collection dont le bouchon est régulièrement changé, ici en 2005. Noté : « Couleur Rouge Franboise, parfums rarissimes ».

Le vin dans le Jura

Cette fois, c'est sans outrepasser les données et connaissances historiques que l'on peut affirmer la haute antiquité du vin dans le Jura. On pense, à la suite des recherches archéologiques, que la vigne était présente dans le Jura voici 5 000 ans.

Sa présence et sa consommation sont attestées chez les Celtes de notre région et Pline le Jeune au Ier siècle de notre ère évoque les vins célèbres de Séquanie, nom de ce qui deviendra la Franche-Comté. Dès 967 les coteaux de l'Arbois connaissent une certaine notoriété. Pour autant, ce n'est guère qu'au XIIIe siècle que les dénominations commencent à s'établir, que les renommées se dénotent à travers les édits seigneuriaux qui protègent tel ou tel secteur ou le soin, l'ardeur, la ténacité que seigneurs et abbés mettent à acquérir des vignes. On le voit sur Arbois et sa région, sur l'Étoile ou quelques vignes des Côtes-du-Jura.

Et en 1272 Jean de Chalon établit une réglementation du mode de culture de la vigne du Jura afin de préserver la qualité des vins. Tandis que Philippe le Hardi, duc de Bourgogne, commande l'arrachage du gamez (gamay) « des vignes d'un très mauvais et très déloyaux plant (lequel) est de telle nature qu'il est moult nuisible à la créature humaine. » Plus tard, on fit aussi arracher le chardonnay tandis qu'en raison des famines, les autorités faisaient remplacer les pieds de vigne par le blé, là où c'était possible.

Le « Trésor » des caves Jean Bourdy (Arlay) : des vins sous haute protection.

Après que Philippe IV le Bel les ait introduits à la cour de France, les rois François Ier et Henri IV montrèrent un goût certain pour les vins du Jura.

Quelques ouvrages, en particulier ceux de Jean-Pierre Pidoux voici quelques années, ont retracé l'histoire générale du vignoble jurassien. Nous n'y reviendrons pas ici. Rappelons simplement qu'il s'étend du Nord au Sud depuis La Chapelle sur Furieuse du côté de Salins jusqu'au Sud de Saint Amour, en suivant *grosso modo* le Revermont. Avec quelques points d'ancrages particulièrement forts dans la région d'Arbois et de Poligny, de Château-Chalon et de Voiteur, ainsi qu'à l'Étoile sans oublier tous les villages du Sud-Revermont. Avant l'arrivée dévastatrice du phylloxéra, le vignoble du Jura avait atteint le pic de 25 000 hectares d'encépagement à la fin du XIXe siècle. Il n'y en a plus que 2 000 aujourd'hui, même si 11 000 ha pourraient bénéficier de l'appellation AOC.[2]

Si l'encépagement a drastiquement rétréci, le nombre de cépages tout autant. Cette fois, dans un souci de qualité, qui fut toujours celui des législateurs et des pouvoirs publics on l'a vu, puisque dès le Moyen-Âge comtes, princes ou rois se préoccupèrent de la qualité des plants.

2. Une directive de la commission européenne, datant de 2007, inquiète d'ailleurs fort les vignerons : à l'échéance 2016, une libéralisation des droits de plantation pourrait intervenir. Cela permettrait à n'importe qui de planter et de produire du vin. Même la culture en plaine serait autorisée. La crainte est de voir débarquer de grands groupes produisant à tout va des vins sans caractère qui engloutirait nos producteurs actuels. Actuellement, en moyenne, seuls une douzaine d'hectares sont autorisés chaque année à replantation par l'INAO qui tient compte de l'éventuel développement du marché. Ce qui est loin d'être toujours le cas.
La profession est bien sûr très attentive à cette menace, avec un espoir néanmoins : la chancelière allemande Angela Merkel ainsi que la France et neuf autres pays se sont prononcés en 2011 contre cette libéralisation. En tout état de cause, cette situation souligne néanmoins le potentiel inutilisé du terroir jurassien.

Toujours les caves Jean Bourdy (Arlay) une belle alignée de vieux crus.

Aujourd'hui, seulement cinq cépages sont autorisés pour les vins fins du Jura, leur permettant donc de bénéficier de l'AOC : le Savagnin, le Chardonnay (pour les cépages en blanc) ; le Trousseau, le Poulsard et le Pinot (pour les cépages en rouge). Et en ce qui concerne le vin de paille, le Pinot en a été exclu en 1990. Au XIXe siècle, le salinois Charles Rouget en avait recensé une quarantaine ! Aujourd'hui, des amoureux de la vigne font revivre ces cépages dans des vignes conservatoires, dans le Val d'Amour (à Champagne sur Loue) au Vernois (sous la houlette de la maison Baud) et à Château-Chalon. Une cinquantaine de cépages ont été reconstitués, mais dans un but plus muséographiques que productifs. Toutefois, la jeune génération du Domaine Pignier à Montaigu souhaite faire revivre des anciens cépages, en replanter et produire un vin d'assemblage *comme nos ancêtres* avec des cépages et des saveurs oubliés, ceux-ci ne pouvant alors bénéficier de l'A.O.C. Mais qui retrouveront l'esprit qui prévalait en ce temps-là.

POURQUOI PAILLE ?

Si l'on a une petite idée de l'origine de ces vins *passerillés*, c'est-à-dire à forte concentration de sucre par séchage naturel, cela ne nous dit pas d'où vient le qualificatif de *paille*, un nom à la fois intriguant, chaleureux et poétique.

Pour certains, cela viendrait tout simplement de la couleur. Une hypothèse largement écartée par les spécialistes.

Pour d'autres, parce qu'au moment de la vendange on disposait aussitôt les grappes sur un lit de paille afin d'éviter les chocs pendant le transport, et donc que le raisin ne se blesse. Il est vrai que le parcours de la vigne à la cave dans des carrioles aux roues ferrées sur les chemins plus ou moins empierrés, n'étaient pas le meilleur traitement pour des grappes que l'on voulait conserver dans le meilleur état possible jusqu'à la pressée trois ou quatre mois plus tard. Si l'on voulait éviter blessures et coulures, il fallait éviter les cahots. Et le raisin restait ainsi dans les greniers durant les quelques semaines de passerillage en attendant la pressée. C'est ce que suggérait notamment Jacques Richard, du Vernois, à qui l'on doit par ailleurs d'avoir sauvé la bouteille *clavelin* du vin jaune.

Dans le prolongement de cette hypothèse, le séchage sur lit de paille, où les grappes sont déposées après les vendanges, dans les greniers bien aérés tient la corde des explications, même s'il n'est (ou n'est plus) guère pratiqué. À condition que ce soit de la paille de blé (les autres sont trop humides) celle-ci absorbe l'humidité, assainit, réduit les risques en cas de blessures de la baie. Mais cela demande énormément de travail et il devient difficile de trouver de la bonne paille, coupée longue, à la main et non à la machine. Qui plus est, il peut arriver qu'elle retienne de la condensation si elle n'a pas été convenablement séchée.

Enfin, l'une des explications, qui vient d'Alsace où l'on faisait du vin de paille jadis (la région n'a plus l'autorisation, *cf. infra* encadré *Par ailleurs*) et où l'on produit toujours des vendanges tardives de très grande qualité, est que l'on pressait les raisins avec la paille, celle-ci servant de filtre au jus d'une concentration extrême.

François Mossu, que l'on retrouvera dans un chapitre ultérieur, affirme de son côté que l'on mettait de la paille au moment du pressurage : « *une couche de raisin, une couche de paille, et ainsi de suite, la paille servait de drain. Mon grand-père Jules Marguet faisait ainsi, mais surtout au moment du rebêche* » Une technique qui rappelle celle de l'Alsace.

Julien Labet (Rotalier) un des derniers à faire sécher sur paille.

Cette idée est partagée par Michel Thibaut, qui pense que la paille servait eff ectivement de drain au moment du pressurage. Il a d'ailleurs rencontré cette technique « *en Auvergne, du côté de Clermont-Ferrand où se fait un vin paillé et où l'on utilise de la paille d'orge* ».

En tout état de cause la question n'est pas tranchée et il n'est pas mauvais finalement que le mystère demeure…

Des vendanges à l'ancienne

PLUS QUE TOUTE AUTRE VENDANGE, celle du vin de paille est prestée des plus traditionnelles. Et ce n'est pas en l'occurrence un slogan promotionnel. Pas question de machine, c'est interdit et ce serait impossible ; ou de grosses armadas de vendangeurs attachés au rendement et ne se souciant que de la grappe qui aurait pu être oubliée derrière le feuillage. Là, la connaissance du raisin prime plus encore que pour les autres vendanges, connaissance de sa maturité, de son état sanitaire (irréprochable), de son aspect. Et comme ce vin est le fruit d'un mélange, la maturité des différents cépages n'est pas atteinte

Un vin traditionnel

Le terme qui revient le plus souvent pour qualifier le vin de paille est celui de *traditionnel*. Cela ne doit en aucun cas donner à penser qu'il s'agit de quelque chose de vieillot, de dépassé. Au contraire.

La Tradition n'est pas d'hier. C'est à la fois et en même temps le passé, le présent et le futur. C'est donc un vin éternel, le vin de l'éternité…

en même temps. Le Savagnin viendra en dernier. Il faut donc être attentif et attentionné.

C'est pour cela que les cueilleurs sont chaque fois peu nombreux autour du vigneron, personnes de confiance qui savent parfaitement identifier les bonnes grappes. Ils prendront soin de choisir, et de couper en douceur et en avant-première, les grappes les plus belles, dans les meilleures parcelles, arrivées à maturation sans talure ni pourriture riches de prometteuses potentialités. En effet, si pendant longtemps bon nombre de vignerons laissaient les plus belles grappes

Vendanges au domaine Pignier. On coupe avec délicatesse les plus belles grappes.

dans les vignes, en cas de beau temps, pour lui faire gagner encore en degré et réalisaient presque des vendanges tardives, la tendance aujourd'hui est au contraire de les ramasser tôt et les premières, selon leur maturité par cépage, au fur et à mesure de l'avancement de la vendange. Le raisin, bien mûr, a aussi la chance d'être initialement plus sain. Le degré qui n'aura pas été pris sur le cep se gagnera facilement au cours de la dessiccation et en pressant le plus tard possible, avec pour avantage un risque moindre pour le raisin et une fraîcheur mieux conservée de la baie. Il s'agit d'éviter la sur-maturation sur pied. Cette sur-maturation ne peut se produire que hors cep, c'est-à-dire après la cueillette.

Je laisserai ici un instant la plume à Henri Machard, auteur d'un « Traité pratique sur les vins » paru en 1860 (*cf.* le chapitre *Le vin de paille dans les livres*). On constate en effet qu'il avait parfaitement décrit les différents processus et qu'en 150 ans, ils n'ont pas vraiment été

modifiés. C'est qu'ils étaient adaptés à ce vin et qu'il n'était pas judicieux de les chambouler. C'est ce que permet de vérifier les écrits de M. Machard, et souligne l'enracinement traditionnel de cette production, malgré de petites évolutions pratiques ne remettant pas en cause l'ensemble.

« On choisit les grappes les plus mûres sur les coteaux les mieux exposés, et de préférence sur les vieux ceps.

On récolte ces fruits par un temps sec et chaud ; on les places dans des corbeilles ou des hottes, et on les transporte au pressoir à dos d'homme ou sur la tête, en évitant les mouvements trop brusques et les secousses qui pourraient froisser le raisin. Il faut même éviter, autant que possible, d'enlever la fleur de la grappe, car en garantissant le fruit du contact trop immédiat de l'air et de l'humidité, cette fleur contribue beaucoup à sa conservation.

Quelquefois on dépose les raisins sur de la paille, mais le plus souvent on les attache avec des fils et on les suspend à des perches ou à de fortes ficelles disposées dans les chambres et les corridors des étages supérieurs des maisons.

On a soin de visiter souvent ces raisins pour s'assurer s'ils ont des grains gâtés, et pour les faire disparaître afin qu'ils ne gâtent pas les autres.

On les laisse ainsi jusqu'en février ou mars, époque à laquelle on fait d'ordinaire le vin de paille. Quelques personnes, pour avoir un vin plus tôt fait, pressent dès le mois de décembre ; mais ce vin n'a pas ordinairement la qualité de celui qu'on ne fait qu'en février ou mars.

Lorsque les raisins sont convenablement desséchés, on les égrappe avec soin et l'on en retranche tous les grains pourris qui pourraient avoir échappé aux recherches précédentes. Les grains sont foulés dans des vases de terre ou dans de petits baquets, à mesure qu'on les détache ; ensuite on les soumet au pressoir.

Le foulage préliminaire des grains facilite l'action de la presse, qui, sans cela, devrait être d'une grande puissance. Le foulage doit être fait sur de petites quantités à la fois, pour être plus complet : si on opérait sur une plus grande masse, une partie des grains ne serait pas écrasée. » Aujourd'hui, par contre, on ne foule plus guère même si certains pratiquent encore cette façon de faire. Comme le dit l'auteur, ce foulage est surtout destiné à faciliter l'action de la presse. Antoine Pignier le reconnaît « *au début, il ne sort pas grand-chose. Cela peut demander la journée et la nuit pour que le jus soit extrait. Un foulage permettrait d'aller plus vite ; mais ce n'est pas indispensable.* » À l'époque, aussi, il n'était que presse à bras : le foulage préalable s'imposait. Les pressoirs d'aujourd'hui permettent d'extraire tout le jus.

Il s'agit de pressoir pneumatique, avec un programme spécial approprié qui exerce une pression lente et approfondie.

Si cela n'est plus guère d'actualité, il n'est pas inintéressant de lire la suite des propos d'Henri Machard : « lorsqu'on laisse les raisins acquérir un degré de dessiccation trop avancé, pour en faciliter la pression complète, qui dans ce cas devient difficile, il convient de réunir les grains, après les avoir foulés, dans un tonneau défoncé, et de les y laisser vingt-quatre ou quarante-huit heures, selon que la température est plus ou moins élevée ; il s'opère alors dans la masse

Domaine Pignier. Une partie du Chardonnay continue d'être suspendue..

un commencement de fermentation qui fluidifie le moût et le dispose à couler plus abondamment sous la presse [...].

Nous n'ajouterons plus qu'un mot sur cet excellent vin, c'est qu'il réunit à une saveur exquise, des qualités hygiéniques très remarquables, et qu'il est salutaire autant qu'il est bon.

Malheureusement, il est cher ; mais son haut prix s'explique par la faible quantité de liqueur que donne le raisin à l'état de demi-dessiccation où on l'a réduit ; une pièce de vin de paille représente en effet environ dix pièces d'un vin qu'on aurait obtenu aussitôt après la vendange ; il s'explique aussi par la qualité très-supérieure de ce vin, et par le temps considérable qu'il est conservé en fût ; il ne lui faut pas moins de dix, douze ans et quelque fois plus pour arriver à sa perfection. [*Ces remarques ci-dessus semblent indiquer que même sans être beaucoup commercialisé jadis, le vin de paille était malgré tout mis en vente, au moins par certains. Un acte commercial qui a d'ailleurs pu s'estomper dans la première moitié du XXe siècle et même jusqu'aux années soixante-dix quatre-vingt. NdA*]

La pressée à Arlay en 2010. Cl. Bernard Girard.

Ce n'est qu'après ce temps qu'on le met en bouteilles, sans l'avoir, pendant ce long espace de temps, ni soutiré, ni rempli, ni collé.

On ne doit point s'étonner du peu de soins que l'on donne à ce vin pendant un aussi long temps. Sa constitution presque sirupeuse en demande très-peu. On ne le soutire pas; pourquoi le soutireraiton? Il contient une proportion considérable de sucre, conséquemment presque pas de matière fermentative; cette dernière est toujours en raison inverse de la matière sucrée; on le voit assez par la lenteur excessive avec laquelle s'accomplit sa fermentation.

On ne le remplit pas, il ne redoute pas la vidange, parce que encore, il est privé de ferment. Enfin on ne le colle pas, même pour le mettre en bouteilles, et l'on a raison d'en agir ainsi : la colle n'agit pas ou presque pas sur les vins gras comme le sont ordinairement les vins de paille; d'ailleurs, si la colle agissait, elle précipiterait une grande quantité de matière sucrée, ce qu'il convient d'éviter.

Toutefois, quoique ne réclamant pas les mêmes soins que les autres vins réclament d'habitude, même d'une manière impérieuse, les vins de paille doivent être placés dans des fûts très sains, fortement cerclés en fer et tenus bien bouchés. » Henri Machard conclut ainsi son chapitre sur le vin de paille : « La bonté des fûts est d'autant plus obligatoire dans ce cas, que ces vins, restant très-longtemps en tonneaux, seraient exposés à des inconvénients de plus d'un genre dans des fûts qui ne seraient pas en très-bon bois et parfaitement conditionnés. »

Si l'on accompagne les vignerons pour ces vendanges spéciales, on constate donc une certaine pérennité dans les techniques employées. Poulsard et Chardonnay seront les premiers vendangés, parcelles après parcelles et les plus belles grappes mises de côtés, généralement cueillies l'après-midi afin d'avoir évacué la rosée et être les plus sèches possibles. « *Il faut éviter de rentrer des grappes humides* »,

Au fil des mois le raisin se déshydrate peu à peu, et se concentre autour de ses sucres : le passerillage.

Un automne chez Lacuzon

Dans le bâtiment attenant à l'ancienne demeure du fameux Lacuzon qui depuis le promontoire de Montaigu lançait ses expéditions sur la plaine bressane et les troupes françaises, et où habite Antoine Pignier[1], dans ce bâtiment donc qui regroupe la cuverie et le pressoir on accède par un escalier aux marches d'abord en bois puis en pierre comme la rampe murale, usées par le temps, obscur et étroit, de la largeur d'un homme, au saint des saints de l'étage. Là, les pièces sont encombrées d'une multitude de cagettes en bois, soigneusement empilées en colonnes, entre lesquelles on se faufile comme dans un vrai labyrinthe, ou comme un courant d'air. Dans ces cagettes, allongé en grappe sur une seule épaisseur pour respirer sans être oppressé, le raisin commence à sécher : le passerillage. Quelques cagettes sont tapissées de paille. Une paille qu'il n'est pas forcément facile à trouver car elle se doit de n'être pas traitée; de ne pas avoir été pressée, ni fauchée à la moissonneuse-

---

1. « *La maison n'est pas très ancienne*, nous confie Antoine. *Seulement du XVIIᵉ siècle.* » Lacuzon la fit construire sur les ruines de l'ancien château et en utilisant… des pierres du clocher de l'église toute proche! A la suite d'un procès, Lacuzon fut condamné à reconstruire le clocher (actuel), qui ne le fut pas à la même place. Le premier était au-dessus du chœur, le second fut un clocher porte, sur le modèle de celui de l'église saint-Désiré. Indice de la construction de la maison avec des pierres du château, l'existence d'un mur de 1,50 m d'épaisseur au milieu de la demeure et qui ne se justifie guère dans une habitation. Lacuzon, prudent, ménagea aussi des passages secrets qui existent toujours…

batteuse mais coupée à la main pour rester longue et non écrasée notamment, d'être naturelle… comme le raisin qu'on y étend. Au fond, sur quelques rangs, premières rentrées, des grappes de Chardonnay sont suspendues à des fils de fer, légèrement espacées. Les raisins dans les cagettes reposent par cépages ; ils y ont été apportés au fur et à mesure de la vendange, les Savagnins en dernier trois semaines après les autres et occupent la première pièce.

Plus tard, quand la pressée aura été effectuée, le jus s'élèvera durant trois ans dans une superbe cave voûtée où s'alignent les tonneaux et où l'on accède par un bel escalier majestueux en pierre.

Des dizaines et des dizaines de cagettes. « *Environ un millier cette année (2011), beaucoup plus que l'an passé où seule la première pièce avait été occupée.* » Un grillage fin est tendu sur les ouvertures : il faut une circulation d'air pour sécher, de la chaleur… et empêcher les oiseaux et autres bestioles de pénétrer, surtout les loirs friands de fruits, qui se faufilent partout, grimpent aux murs, s'infiltrent par le moindre trou pour assouvir leur gourmandise de frugivore ! Un superbe restaurant à plusieurs étoiles pour eux !

En cette année 2011, c'est le jour de la Saint Louis, le 25 août, que les vendanges de paille ont débuté pour Pignier. Le crémant ne devait commencer que le 29. En premier, la toute petite équipe ramassa le Chardonnay sur de vieilles vignes. Ce sera ensuite les plus belles grappes de Poulsard, avant de finir en Savagnin courant septembre. « On prend des vendangeurs habitués, qui savent repérer les beaux raisins. Il est de toute façon impératif de vendanger à la main, pour pouvoir choisir les grappes pas abîmées et bien mûres. Avec des machines ce n'est pas possible, ni autorisé, ça ne permet pas de faire de la qualité. » Au demeurant, chez Pignier, on ne connaît pas la machine à vendanger. Cela ne correspondrait pas non plus avec la philosophie de la bio-dynamie que prône la maison « *ce ne serait pas la peine de s'attacher à concocter des tisanes de plantes pour vivifier les ceps et de tout gâcher en utilisant une machine…* » Les précieuses grappes, déposées délicatement sur une seule épaisseur dans les cagettes sont emportées par vague mais sans heurts, rapidement et en douceur, jusqu'au grenier où elles attendront leur pressée. Un *vendangeur* s'était invité les jours précédents. Le garde-chasse vient identifier les traces : c'est un blaireau ! L'ennui, c'est que cet animal arrache les grappes et abîme tout… et c'est un animal protégé.

Les semaines ont passé. Nous voici à la mi-novembre. Le grain a évolué. Sa couleur s'est transformée. Le Chardonnay est devenu marron voire marron foncé, la peau s'est ridée avec la dessiccation du raisin. « *Il n'est pas forcément plus sucré ; ce qui reste c'est le glycérol. Il ne faudrait pas que ce soit du sucre pur, sinon ce serait trop sucré, ennuyeux pour la fermentation et donnant un vin trop liquoreux, qui empâte.* » L'essentiel du travail maintenant, ce sera de trier les grains, en éliminant les éventuelles pourritures. Bientôt ce sera la pressée « on ne foule pas ; c'est plus lent que s'il y avait foulage préalable ; ça prend la journée voire plus. » Mais le vin de paille est une longue patience.

Page de droite :
Des vendanges tout en délicatesse. Cl. Domaine Pignier.

nous disent tous les vignerons : « *c'est le moment clef pour le vin de paille, il faut une grande rigueur* ». Ces raisins soigneusement choisis parmi les grappes les plus mûres, les plus prometteuses et les plus saines sont déposés avec soin sur une seule couche, en cagettes dont le bois n'aura pas été traité surtout si la même cagette sert au séchage, et sans tassement. Le transport devra s'effectuer précautionneusement, par petite quantité, pour éviter toutes secousses et tout écrasement des baies. D'autant que celles de Poulsard et de Chardonnay sont fragiles.

Les voici désormais pour six semaines minimum (généralement beaucoup plus) sous surveillance durant lesquelles elles perdront une grande partie de leur eau, se concentreront autour de leurs sucres et perdront jusqu'à 50 % de leur masse ! Les cagettes bien remplie (sans être tassées) du début de vendange apparaîtront presque vides à l'heure de la pressée.

Trois méthodes principales sont utilisées pour atteindre leur dessiccation partielle idéale.

Tout d'abord celle qui a (peut-être) donné son nom au vin (on a évoqué dans le chapitre « historique » les diverses hypothèses émises) ct qui est peut-être la plus ancienne : on étend les grappes sur un lit de paille sèche, elle-même généralement disposée dans des cagettes en bois, et bien aérée. L'avantage est de drainer parfaitement l'humidité, d'assainir le milieu. Sans doute aussi cela ajoute-t-il un certain nombre d'arômes que l'on ne retrouve pas autrement. L'inconvénient est de nécessiter un travail plus contraignant ; qui plus est, il devient difficile de trouver de nos jours une paille qui convienne. Elle ne doit pas avoir été compactée en balle trop serrée ni avoir été traitée. L'idéal serait d'avoir été fauchée à la main et non à la machine… Peu pratiquent cette façon de faire, même si quelques-uns l'utilisent à côté d'autres méthodes. Il est également objecté que la paille peut retenir la condensation et donc engendrer des moisissures.

Deuxième procédé, la suspension sur des fils de fer, les grappes légèrement écartées les unes des autres, suspendues individuellement. Pratiquée largement pendant longtemps, cette façon de faire, qui reste très spectaculaire pour les néophytes, s'estompe elle aussi, tout en étant

Spectaculaire suspension de grappes au plafond de la cuisine du domaine Blondeau à Ménétru-le-Vignoble, sur trois niveaux! Les grappes étaient accrochées deux par deux à des crochets. C'était dans les années quatre-vingt. Aujourd'hui, les grappes sont suspendues dans le grenier. Mais l'installation de barres, tiges et crochets est restée en place, en cas de besoin et de récolte abondante… Cl. col. part.

toujours utilisée. Aujourd'hui on suspend les grappes avec des installations particulières dans les greniers, les granges, les hangars, les corridors,
selon l'importance du Domaine et son implication dans le *paille*, mais
tous lieux bien ventilés comme il se doit. Il y a encore quelques années,
on pouvait en découvrir dans les lieux de vie comme les cuisines ou les
chambres, dessinant au plafond des guirlandes spectaculaires d'une
étrange beauté. L'inconvénient de cette méthode est à la fois la place
nécessaire pour les étendages et la perte due aux grains tombant sur le
sol et qui ne peuvent pas être récupérés. Mais c'est un des meilleurs
séchages reconnaissent nombre de professionnels.

La troisième méthode est la plus employée et se décline en deux
sortes. D'une part, les grappes sont déposées dans des cagettes en
bois, mais sans paille et généralement à raison de 2 kg de raisin
environ par cagette, empilées les unes sur les autres. Et de façon à
ce que l'air circule bien, donc pas trop serrées, en quinconce parfois.
D'autre part, des grappes le sont sur de grandes claies elles aussi
empilées à plus ou moins de hauteur, sur des lits de treillage métallique… ou parfois de plastique.

Mais quelque soit la façon de faire, le local devra être très bien
ventilé, par aération naturelle (l'idéal est d'avoir un local face au
Nord ou face aux vents dominants) éventuellement renforcée de
ventilateurs, mais non chauffé. Il s'agira de disposer les piles des
cagettes ou les claies de façon à permettre une bonne circulation de
l'air. Cette ventilation, si elle est correcte, permettra aussi d'éviter
l'apparition et le développement des moisissures.

Après, il faut laisser faire. Les grappes vont se déshydrater lentement (c'est le passerillage), prendre une couleur foncée, une moisissure
noble va s'établir grâce au *botrytis cinerea*. Après le flétrissement viendra le dessèchement de la rafle jusqu'à la concentration sèche… mais
il conviendra d'éliminer les grains douteux pour supprimer les pourritures tout juste bonnes à donner mauvais goût au vin. Ce sera le
travail du vigneron tout au long de cette période (pour mémoire, six
semaines minimum) en surveillant régulièrement et en permanence
l'évolution de la dessiccation, éliminant toute source de moisissure,
puis une dernière fois inspectant les grappes lors de la pressée.

Laquelle pressée peut s'apparenter à une deuxième vendange, puisqu'il s'agit de dépendre les raisins gorgés de sucre et de les égrapper pour ceux qui les suspendent, ou les « cueillir » dans leur belle maturité seconde dans les claies ou les cagettes ! Non sans éliminer à ce moment et impitoyablement baies ou grappes n'ayant pas résistées aux moisissures. Un travail de nouveau long et délicat.

Cette pressée chez la plupart des vignerons s'effectue le tard possible. Mais tout dépendra aussi de la date des vendanges et de la température de l'automne et de l'hiver. Jadis, cela s'effectuait vers février/mars. Ces dernières années ce fut souvent après Noël/début janvier. Les années chaudes et relativement sèches, comme en 2011, la quasi-totalité pressa avant Noël, un bon nombre en novembre même. Les raisins étaient à point, plus cela aurait été trop. Un potentiel alcoolique au-dessus de 23 % conduirait au blocage de la fermentation et le vin aurait des difficultés à atteindre son degré d'alcool acquis légal de 14 %. Un élément important est aussi la richesse en sucre où des normes sont à respecter (cf. l'annexe *Des règles très strictes*). L'amplitude de la pressée, selon les années s'est donc largement étendue, de fin octobre à mars ! Au moment de ce que l'on appelle *la deuxième vendange*, comme au cours des mois où les baies se sont déshydratées et les sucres concentrés et lors de ses contrôles, le vigneron aime picorer de-ci de-là quelques raisins dans les cagettes. Ainsi vérifie-t-il gustativement l'état des grappes après l'avoir fait visuellement. À moins que ce soit pour le plaisir, si l'on en croit l'air souvent de plus en plus réjoui et les hochements de tête qui se concluent par un grand sourire qui éclaire le visage quand tout se déroule favorablement comme en cette année 2011 de notre enquête.

Outre l'obligation de rendement faible (20 hectos à l'hectare au maximum) afin d'assurer la qualité du produit, l'une des (nombreuses) conditions de l'appellation vin de paille porte sur le titre d'alcool. Dix jours avant la pressée, le vigneron doit prévenir le laboratoire qui viendra estimer le potentiel alcoolique des raisins, qui ne doit pas être inférieur à 19 %, afin d'atteindre au minimum 14 % à la mise en bouteille. Précisons-le, ces limites hautes ou basses ne font pas l'unanimité dans la profession : certains voudraient les remonter, d'autres les abaisser. Les uns comme les autres, reconnaissons-le, ne militant en fait que pour la qualité du produit ; mais les points de vue divergent pour y arriver !

Cette pressée ne s'effectue plus guère au petit pressoir à bras spécifique au vin de paille, sauf à l'occasion de festivités populaires. Comme nous l'avons indiqué, la plupart utilisent le pressoir pneumatique convenablement réglé et en général cette pressée demande entre un jour et un jour et demi selon l'importance de la vendange. Sous la forte pression, sans trituration, le jus coule lentement, presque goutte à goutte, concentré, jusqu'à n'être plus qu'un mince filet. Il convient aussi de choisir avec précision le bon moment du pressurage : trop tôt le jus sera acide et peu sucré ; trop tard, il manquera de jus.

Pour être bien conscient de la rareté de ce produit, il faut savoir que 100 kg de raisins sont nécessaires pour récolter au maximum 18 à 20 litres de *paille* et souvent seulement 15… voire moins certaines années. Sans doute fallait-il qu'il soit rare après avoir été confidentiel, tout en étant l'objet sans relâche de soins discrets, attentifs et délicats.

Après la pressée, le jus déjà riche d'arômes est mis à fermenter à 18 °C environ, au démarrage, durant un an à dix-huit mois dans un local approprié[1], une fermentation lente et souvent difficile (selon le niveau de degré alcoolique entre autres critères), qui pourra s'arrêter, redémarrer et s'arrêtera toute seule. Généralement, il n'y a pas de fermentation malolactique. Puis il sera mis en petits tonneaux (en général) pendant au moins 18 mois où ses arômes et ses saveurs les plus subtiles s'harmoniseront. Et ce n'est qu'au bout de 3 ans, le 1er décembre qui suit la récolte, que le vin pourra être mis en bou-

---

1. Plusieurs études (dont l'une menée par Damien Petit, Anthony Girard et Xavier Desfontaine) ont mis en garde contre les levures indigènes qui peuvent provoquer un arrêt et un blocage de la fermentation. Un problème que connaissent certains vignerons qui utilisent ces levures et n'obtiennent pas l'agrément, leur vin de paille n'affichant pas le minimum obligatoire de degré alcoolique. Ce qui ne les empêche pas d'élaborer des vins de belle qualité… mais sans l'appellation.

teille et commercialisé. L'objectif de ces trois années est en effet de leur conférer une stabilité microbiologique et physico-chimique et leur permettre de s'affiner et de se *bouqueter*. Une approche scientifique pour expliquer plus *gustativement* les fragrances généreuses à la fois puissantes, complexes et distinguées.

Mais avant d'être mis en bouteille, le vin de paille sera de nouveau examiné avec rigueur et des échantillons seront contrôlés, dégustés par la commission d'agrément qui donnera son feu vert à l'appellation… ou pas. Un examen (analytique et organoleptique) sévère et rigoureux qui se veut garant de la qualité du produit. Le vigneron devra aviser l'organisme de contrôle 8 jours ouvrables avant la date souhaitée de mise en bouteilles[2].

Ainsi le vin de paille est contrôlé avant d'être pressé et au moment de l'embouteillage, examen d'entrée et examen de sortie…

L'indication du millésime de la récolte est obligatoire et seules les AOC Arbois, Côtes-du-Jura et l'Étoile ont l'autorisation d'indiquer la mention *vin de paille* sur leur étiquette.

CHACUN SA RECETTE

Chacun, c'est naturel, a sa recette de composition dans le cadre de la législation, c'est-à-dire des cépages autorisés ; ainsi le Pinot Noir est interdit depuis 1990. Les proportions de ces cépages sont en effet laissées à l'appréciation du vigneron qui choisit la tonalité du vin qu'il veut réaliser, correspondant à son goût, celui de sa clientèle, à son terroir. Mais aussi pouvant connaître quelques variantes selon les années, selon les rendements des uns ou des autres plants et donc de leur production. On notera que la composition et les proportions de cépages respectifs, outre le fait de varier d'un vigneron à l'autre, se retrouvent largement par secteurs. Ainsi, certaines zones ne pro-

---

2. La Société de Viticulture du Jura et Certipac (organisme de certification) contrôlent toutes les mises en bouteilles. Le laboratoire d'analyse de Poligny est uniquement mandaté par la SVJ pour analyser les échantillons.
La dégustation obligatoire a été instituée en 1993 après avoir été constaté que *ce produit avait parfois tendance à être galvaudé*.

duisent guère de Poulsard ni de Trousseau (au demeurant peu utilisé). Les raisins blancs seront donc les seuls utilisés. En d'autres lieux, on réservera le Savagnin à d'autres nectars et on ne l'utilisera que dans un faible pourcentage. L'équilibre doit se trouver entre moelleux, souplesse, fruité, acidité, minéralité, puissance que l'un ou l'autre des cépages apporte. Ainsi, quelle que soit la recette, le but est de trouver ou de s'approcher de l'harmonie parfaite!

Beaucoup aujourd'hui équilibrent Savagnin, Chardonnay et Poulsard (quelquefois complété de Trousseau mais que beaucoup considère comme n'apportant aucune finesse au vin de paille) à parts quasiment égales pour que la rondeur de l'un atténue l'acidité de l'autre et cela en gardant des notes de fraîcheur malgré le liquoreux que donne le sucre concentré.

Une harmonie se dégage de cet équilibre, mais si chacun des cépages constitue un tiers des raisins soumis à la pressée, le Poulsard se retrouve en quantité plus importante au final, son rendement en jus étant plus important, notent certains vignerons.

D'autres ne mêlent que Savagnin et Chardonnay, dans des proportions variant d'un vigneron à l'autre, certains se contentant d'un soupçon de Poulsard. En fait, toutes les combinaisons sont possibles et pratiquées, y compris la possibilité d'un cépage unique! Le résultat des vendanges d'une année détermine finalement ces choix qui peuvent évoluer d'une année à l'autre.

Une mini-enquête comparative voici quelques années montrait éloquemment la diversité des recettes : chez un vigneron de Pupillin on notait 40 % de Ploussard, 40 % Chardonnay et 20 % Savagnin ; chez un autre d'Arbois 80 % Savagnin, 10 % Chardonnay et 10 % Ploussard ; et un troisième du secteur de Voiteur 85 % Chardonnay, 10 % Poulsard et 5 % Savagnin. On comprend que le résultat ne soit pas forcément identique tout en étant excellent.

Quasiment tous choisissent pour leur vin de paille de cueillir des grappes de raisin de leurs vieilles vignes (c'est même recommandé car les baies y sont plus espacées) qui produisent peu, des vignes d'âge canonique au moins (c'est-à-dire 40 ans), et des tonneaux ayant déjà contenu du vin. La plupart les font sécher à part avant

de les presser ensemble ; pour d'autres ils sont mis à sécher ensemble
« *puisqu'ils vont vivre ensemble !* ». Quelques-uns les font vieillir en
tonneaux séparés, blanc d'un côté, rouge de l'autre.

Mais ce qu'ils ont tous en commun, c'est d'être totalement naturels depuis l'instant où ils ont été cueillis, séchés, pressés, élevés.
Aucune intervention n'est autorisée et nul ne s'y risque. Les plus
beaux grains choisis, préservés, réservés, contrôlés, surveillés durant
de longues semaines donnent ainsi la quintessence de leurs arômes,
de leur suavité. Une discipline rigoureuse et des contraintes rarement
retrouvées ailleurs. Pour notre plus grand plaisir.

Si la méthode est apparemment simple, le savoir-faire du vigneron, ses connaissances, son expérience sont primordiaux pour arriver
à l'équilibre harmonieux qui réjouira les gourmets, entre finesse et
puissance, acidité et souplesse, richesse de la gamme des arômes,
nuances subtiles des saveurs et des couleurs de robe. Le tout dans
une diversité reflétant les caractères des terroirs, des cépages, des
millésimes... et des vignerons.

Le vin de paille, vin de garde et même de très grande garde, se
conserve indéfiniment si les conditions de cave sont correctes.

UNE PRESSÉE À LA CAVE BOURDY

En cette matinée du 5 décembre, il fait frais, sans plus, même si le courant d'air qui a permis une bonne dessiccation des raisins dans le grenier de la maison Bourdy se fait vite sentir… « *Il est rare que l'on presse si tôt* » ; le père, Christian, présent pour l'occasion et qui *surveille* les opérations se souvient qu'en 1948 la pressée du vin de paille s'était faite fin mars… « *Moi, j'étais revenu du service militaire en avril…* »

Les cagettes où les grappes qui avaient été disposées sinon serrées du moins se touchant presque, paraissent presque vides. Les baies se sont racornies, concentrées autour des bois, la peau des petits grains de Savagnin paraît néanmoins prête à se déchirer pour laisser exploser un feu d'artifices d'arômes où dominent déjà des saveurs d'abricot sec ou de coing.

Sur un escabeau, Jean-François dépend les tiges où séchaient les grappes de Poulsard et les tend à trois personnes qui égrappent, éraflent et éliminent les rares grappes mal venues. Les gestes sont précis et rapides. Le travail est rondement mené, et en silence.

Plusieurs cagettes sont néanmoins conservées : « *il faut penser à en garder pour la fête de la pressée, à la Saint Vincent !* » Au château d'Arlay, on en garde pareillement. D'autant qu'une vieille vigne a été vendangée très tardivement, au mois d'octobre. Du jus coulera donc ce jour-là !

En attendant, il faut descendre les comportes par l'étroit escalier, jusqu'au pressoir. Là, pas de folklore : on utilise le pressoir pneumatique, réglé comme il faut sur le programme vin de paille. Une pression lente et approfondie, qui ne demandera pas moins de

24 heures : « *si on pressait à bras, il faudrait trois jours ! Et quand on presse les blancs, le pressoir plein, cela ne demande que 2 heures… »*

À vue de nez et d'expérience « *cela ne devrait pas dépasser les 8/10 litres pour 100 kg de raisins. Un peu moins que d'habitude.* » Comme à l'accoutumée, la maison est parmi les derniers à presser « *on attend toujours le dernier moment,* rappelle Jean-François Bourdy ; *mais c'était temps. La teneur en sucre devrait être assez élevée. J'aime bien les vins liquoreux, huileux presque, où l'on sent bien le sucre ; ça porte mieux les arômes complexes, le goût que donne le Poulsard ; l'acidité du Savagnin fait tenir l'ensemble. On a toujours mis l'accent sur le Poulsard ; en plus cela lui donne une couleur très ambrée tirant sur le rouge.* »

Que ce soit l'un ou l'autre, cette année l'ensemble des grains s'est révélé superbe. Sera-t-il aussi beau que le 2002, dernier mis en bouteilles et qui arrive *au bout* ? « *Il était très foncé, avec plus de 100 gr de sucre résiduel. Il ressemblait au 1815 !* » Une référence.

Sous la pression, le jus a commencé à couler dans la cuve. De minces filets très colorés. Jean-François Bourdy vérifie le degré au réfractomètre ; on déguste quelques gouttes de ce jus de raisin rouge opaque : des touches de noyau de cerise, et toujours les notes d'abricot et de coing.

Le pressoir va tourner 24 heures et dans huit ans, on saura s'il a tenu les promesses de sa beauté automnale.

Silence, lenteur, patience : les caractéristiques des vins de paille dans son élaboration.
À retrouver dans sa dégustation…

Mets et vin
Trouver
l'accord parfait

AUJOURD'HUI VIN FESTIF, tout en continuant à célébrer les grands moments de l'existence dans les familles vigneronnes à commencer par les naissances, et ayant mis de côté ses bienfaits de *vin des malades* (pour qu'ils reviennent en bonne santé), le vin de paille est unanimement reconnu pour sublimer les mets les plus raffinés. Lorsqu'il atteint l'excellence, on découvre une harmonie parfaite entre acidité, alcool et sucre. Alors, comment le boire ?

Tout d'abord, il faut savoir que ce vin se boit frais : entre 6 et 8°C. C'est ainsi, en raison de son taux d'alcool et de sa forte sucrosité, qu'il s'exprime le mieux.

« *Faut-il vraiment lui attribuer un mets ?* » François Mossu (Voiteur) se fait volontiers provocateur, ce qui en soit, et dans le bon sens, correspond à son caractère. Provocateur pas dans l'esprit de choquer pour le plaisir mais pour amener à la manifestation de la vérité comme on dit dans les prétoires. En l'occurrence, il reconnaît que chacun peut avoir sa vérité. Lui, pense que ce vin se suffit à lui-même. Et d'évoquer un de ses fidèles clients pour qui le bonheur c'est une soirée d'hiver dans un chalet, devant la cheminée où crépitent les bûches, au pied un chien somnolent, dans une main un cigare et de l'autre un verre de vin de paille…

Pour autant, il associe volontiers ce vin à une tarte *tatin*, à un dessert d'abricot, à du chocolat. Mais le *summum*, pour lui, c'est de le déguster avec du roquefort suavement étalé sur une fine tranche de pain grillé : « *une merveille. L'équilibre dans les contrastes entre le sucré où persiste une pointe d'acidité, et la puissance du fromage. Il n'y a rien de mieux.* »

Alain de Laguiche qui préside aux destinées du prestigieux château d'Arlay rejoint largement les propos du vigneron victorien. « *Pour moi, l'idéal pour apprécier un vin de paille c'est au coin du feu dans un chalet de montagne après une journée de ski ou de randonnée. C'est un formidable reconstituant. En fait*, ajoute-t-il, *il ne faut pas se demander **avec quoi**, mais **avec qui** il faut le boire !* » Un parti pris de convivialité élective qui correspond bien à l'histoire de ce vin généreux réservé longtemps aux intimes, famille ou amis proches.

Pour Michel Noir, ancien professeur de cuisine au Lycée hôtelier d'Arbois et propriétaire et chef du réputé restaurant « Le Belvédère » à Crançot, le meilleur moment pour déguster le vin de paille, « *c'est à quatre heures !* ». Lui aussi pense donc que ce vin se suffit à lui-même. Toutefois, il ajoute qu'il accompagne très bien un foie gras d'oie « *le foie gras de canard est trop fort* ». Il convient alors de choisir un vin de paille pas trop liquoreux pour préserver les propres saveurs du foie gras. Il le conseille aussi avec du roquefort pour le contraste entre ces deux produits de haute lignée. Mais ce qui lui paraît le *nec plus ultra*, c'est la figue : « *on ouvre une figue en quatre, on verse un peu de miel et on passe le tout quelques instants au four. On laisse légèrement refroidir et on déguste. C'est sublime*, affirme-t-il avec un grand sourire. » Assurément un nectar divin avec ce fruit du travail des abeilles, elles-mêmes messagères des dieux.

Le choix de l'accompagnement du foie gras est largement répandu ; c'est le cas en particulier de Stéphane Cartaux-Bougaud, vigneron à Arlay et Quintigny qui s'est lancé depuis peu dans le vin de paille « par envie », pour la beauté de ce vin.

Damien Petit, de Pupillin, l'apprécie avec le fromage persillé (surtout bleu des Causses et bleu de Gex) mais aussi à l'occasion avec le foie gras ou tout simplement en apéritif.

Des options proches de celles de Patrick Clavelin qui aime le produit avec des toasts de bleu du Jura nappés de miel de sapin et avec un foie gras mais toujours servi à 6°. Quant à Jacques Tissot, il ne le dédaigne pas avec un bon Munster.

Autres recommandations classiques : le chocolat noir amer et les desserts chocolatés en général (Édouard Hirsinger, célèbre chocola-

Chez les Labet (Rotalier) dès l'entrée du caveau on perçoit l'influence du terroir sur les arômes du raisin.

tier d'Arbois propose un savarin au vieux vin de paille du Jura), les desserts avec fruits confits, les fromages de type persillé dont les bleus en globalité, même si certains craignent un peu le « heurt » de deux fortes personnalités que sont le vin de paille et le roquefort par exemple… Mais c'est affaire de goût.

Les livres de cuisine nous présentent rarement des recettes où figure en bonne place le vin de paille. On en trouve une dans *La cuisine traditionnelle en Franche-Comté* de Catherine Mambré (éditions Édit Loire) qui nous propose celle de la charlotte au vin de paille où les fruits confits coupés en fins morceaux macèrent durant une heure dans le vin de paille… que l'on peut remplacer, nous dit-elle, par du macvin ou du vieux marc.

À Rotalier, chez Alain Labet, outre le foie gras poêlé avec un chutney de figues, on apprécie tout particulièrement le vin de paille avec une recette maison qui fait l'unanimité : au mois de novembre, une palombe fraîche fourrée de baies de Poulsard et de Savagnin mijotant doucement dans une cocotte et que l'on déglace au vin de paille. Un vrai régal nous a-t-on assuré ! Et pour finir, sur une salade de fruits un peu acide.

Pour Michel Thibaut (Domaine Morel-Thibaut, Poligny) « *le vin de paille est à lui seul un dessert. Je l'aime surtout en fin de repas, à la place du café. Ca remet tout en place !* » Ou alors seul, mais partagé avec famille et amis…

Dans ses brochures promotionnelles, le CIVJ propose des recettes élaborées par des chefs régionaux réputés (Jean-Paul Jeunet à Arbois, Marc Tupin à Saint Germain lès Arlay, Emmanuel Dumont à Besançon) comme du *fondant au chocolat et crème au miel de montagne et pignons* ou *île flottante au chocolat frappé, abricots secs et pain perdu* ainsi qu'un *parfait glacé au vin de paille*. À ce vin de paille il est suggéré « *offrez-lui le menu par les deux bouts : dégustez sa douceur et sa volupté à l'apéritif, puis avec un foie gras où il se fait magicien ou un magret aux épices qu'il réveillera. Il renforce aussi les fromages à pâte persillée et les desserts confits, telle la figue rôtie aux graines de sésame et miel de sapin. Et avec le chocolat, il est fondant…* » Comment résister à l'invitation !

Quant à Michel Converset, avocat et ancien bâtonnier de Lons le Saunier, épicurien conséquent et sportif au long cours qui aime autant les belles et bonnes choses que le plaisir né de l'effort, il apprécie particulièrement le vin de paille. Son sens de l'analyse des arômes comme le lyrisme riche d'images qu'il manie avec verve réjouissent nombre de ses interlocuteurs et de ses auditoires.

Concernant notre vin, il l'identifie « *complexe autant que généreux, multiple et pourtant unique, moelleux ou liquoreux* ». Tout à l'instar de certains amateurs cités plus haut, notre maître en oralité affirme « *Comme à tout grand vin, c'est certainement une solitude apéritive qui sied le mieux au Vin de Paille, nectar des Dieux, en leur terre jurassienne. S'il régénère le malade, requinque la mère en gésine, il a néanmoins besoin de partage pour sa mise en valeur. Imaginons ! Après Vêpres et avant Complies, un chalet qui craque, dehors la neige, une cheminée crépite et rougeoie, une fourrure, un duvet… alors le calice ambré merveilleusement sera dégusté en partage…* » Imaginez.

Pour évoquer le vin de paille, quelques mots reviennent régulièrement dans la bouche de ceux qui aiment le célébrer : subtilité, richesse et complexité aromatique, puissance, somptuosité, précio-

Le nez : complexe, puissant et élégant

Le *nez* du vin de paille est parmi les plus riches et les plus complexes de même que sa bouche, réjouie par son onctuosité. Ses fragrances se dégagent peu à peu, se succèdent et surtout s'harmonisent sans s'agresser. On retrouve selon les millésimes, les secteurs de production ou la recette et le savoir faire de chacun des vignerons des arômes de fruits confits, pruneau, miel, caramel, ou orange confite ; de marmelade d'orange, de prune, de poire, de coing. Les fruits exotiques comme l'ananas, la figue, la mangue ou les dattes sont présents. Parfois des notes florales de fleurs blanches comme l'aubépine. Et même le thé et les épices, la cannelle mais également des touches de torréfié et de grillé… sans oublier le minéral propre aux terroirs jurassiens. Et bien d'autres !

Mais toujours avec une élégance et une finesse qui n'exclut pas la puissance.

Comme un parfum capiteux propre à mettre en émoi et tourner la tête.

sité, intensité, saveur moelleuse et capiteuse, une gamme de saveurs et de parfums presque infini que nous évoquons par ailleurs (*cf.* l'encadré *Le nez*) ; quant à la palette chromatique elle se révèle aussi de grande étendue de la paille (bien sûr !) au Topaze brûlé en passant par l'ambre, le cuivre etc. Autant de qualificatifs enthousiastes pour ce vin élevé avec art, patience, attention, savoir-faire et amour par les vignerons dans une mise en œuvre précautionneuse depuis la vendange, la surveillance de la déshydratation des baies jusqu'à leur quasi dessiccation où elles regorgent de sucre, se concentrent dans un juste et harmonieux équilibre avec l'alcool, qui verra au bout de trois années de vieillissement une véritable explosion sensitive.

LA QUESTION DE L'ACIDITÉ VOLATILE

Le Laboratoire départemental d'analyses agricoles du Jura a mené une série d'analyses au cours des années 1989, 1990 et 1991. À partir de celles-ci, une étude a été publiée à l'intention des professionnels, en 1992, par Didier Sintot.

Après avoir relevé dans son introduction les conditions de vendanges, il note que « la fermentation alcoolique est lente et difficile [...] On rencontre dans ces vins des taux élevés d'acidité volatile et une partie importante des vins de paille dépasse la limite légale appliquée aux vins blancs et rosés. » L'étude visait à déterminer l'origine de cette production importante d'acidité volatile et voir jusqu'à quelle valeur elle pouvait monter, avant d'être considérée comme un signe d'altération.

C'est en effet le *paille paradoxe* qui permet à ce produit de supporter un volatil qui, dans tout autre vin, le ferait considérer comme *tourné en vinaigre*. Nous ne reproduirons pas ici l'ensemble de l'étude scientifique menée et qui comporte plus de 20 pages. La conclusion nous contentera...

Cette étude donc a permis de mettre en évidence que l'acidité des vins de paille du Jura est beaucoup plus élevée que celle des vins secs et dépasse fréquemment la limite légale en vigueur. Elle apparaît au début de la fermentation alcoolique (moins de 11°) et ne progresse pratiquement pas en fin de fermentation, ni au cours du vieillissement. Elle est liée à la grande richesse en sucre du moût qui crée des conditions défavorables au métabolisme fermentaire normal des levures.

Une acidité volatile élevée est donc un caractère normal pour un vin de paille car elle est liée à la concentration naturelle en sucre du raisin au cours du passerillage, étape fondamentale de l'élaboration de ces vins. Sa valeur peut atteindre 1,20 gr/litre de H_2SO_4 sans être un signe d'altération conclut Didier Sintot. Mais il vaut mieux ne pas aller au-delà. Cette acidité volatile est généralement entre 0,9 et 1,1 gr/l.

Pierre Carpentier :
Une tourte de pigeons aux pistaches

Pierre Carpentier fut pendant plus de trente ans le chef de la célèbre Auberge de Chavannes près de Lons le Saunier, qu'il acquit avec Monique son épouse, en 1970. Originaire de Normandie, il a adopté le Jura – et l'inverse est vrai.

Après avoir obtenu deux toques au Gault et Millau, il reçut une Étoile au Michelin en 1981, réputé pour la qualité de ses produits, la précision de ses cuissons, la justesse de ses assaisonnements ou l'équilibre des saveurs. Ayant vendu l'Auberge en 2004, il vit désormais avec son épouse à Nevy-sur-Seille dans une ancienne maison vigneronne qu'il a restauré[1].

Cl. Jean-Louis Philippi.

Il a eu la gentillesse de nous livrer ses réflexions sur les accords de goût, et de nous proposer une recette originale pour accompagner un vin de paille :

« Quelle tâche difficile de vous conseiller sur l'alliance entre les mets et le vin de paille ; car chaque vigneron élabore son vin d'après la situation de son vignoble, du temps, de l'année et de sa personnalité.

Le meilleur conseil que je puisse vous donner, est de prendre votre bâton de pèlerin et de rencontrer les viticulteurs, gens parti-

---

1. Il a publié en 2005 un livre de recettes et de souvenirs *Pierre Carpentier, l'artisan cuisinier* (Éd. Aréopage)

culièrement généreux, de vous transformer en une sorte de « Pierrot la lune » à la recherche de votre vin idéal.

Vous allez alors rentrer dans le monde du goût. Laissez aller votre imagination pour des alliances sereines ou folles ! Si l'aventure vous tente, immiscez-vous dans un univers plein de merveilles et d'incertitudes, car bien vite vous vous apercevrez que votre sens du goût se heurte à la théorie des saveurs fondamentales que sont l'acide, le sucré, le salé, l'amer et le l'umami.

Pour mieux comprendre cette difficulté posez-vous quelques questions :

Qu'est ce que l'acide ? le sucré ? le salé ? l'amer ? et enfin l'umami le petit dernier avec un goût particulier, mi-sucré, mi-salé provenant du glutamate que l'on trouve dans la sauce soja, les viandes, les poissons. La réponse est difficile et dépend de chacun.

Un autre exemple, la menthe ou plutôt les menthes car leur nombre varie, de cinquante à plus de trois cents car elles s'hybrident facilement.

Quel est le goût de la menthe ? Celui de la chlorophylle, de la bergamote, du gingembre, de l'estragon ou du laurier ! Nous nous moquons souvent du gigot d'agneau à la menthe, essayez-le avec une menthe gingembre et vos *a priori* tomberont.

Les neurobiologistes ont découvert une chose tellement évidente pour nous : le goût est *un continuum* et nous ne disposons que de peu de mots pour en exprimer leur diversité. Enfin, la sensibilité du goût varie considérablement d'un individu à l'autre, de l'instant présent, du temps et j'en passe…

Pour revenir à nos vins de paille, les saveurs et arômes le plus souvent rencontrés sont ceux d'oranges confites, pain d'épices, pâtes de coing, abricots confits, vanille, citrons, pamplemousses, mandarines, fruits secs, pommes, réglisse, caramel, figues, dattes, miel de châtaigniers.

Les alliances les plus courantes :
Fromages persillés
Foie gras
Tarte aux abricots, aux pommes, aux noix, aux amandes
Les desserts au chocolat noir
Les fruits secs.

Pour changer :
Tourte de pigeons aux pistaches :
Pour 6 personnes :
Un moule à soufflé
4 pigeons vidés, de préférence étouffés
50 g de pistaches émondées
100 g d'oignons hachés, 1 bouquet garni
100 g de beurre pour le moule et les cuissons (oignons, pigeons)
5 g de coriandre en grains
½ cuillère à café de gingembre en poudre
1 petite pincée de pistils de safran
Eau ou mieux, bouillon de volaille
100 g de feuilletage
3 œufs
Sel, poivre
Cuisson :
Effectuer les préparations des pigeons avant de les faire rissoler dans une cocotte en fonte. Ajouter ensuite les oignons hachés. Faire compoter doucement, ajouter le bouquet garni et petit à petit le bouillon de volaille ou l'eau.

Laisser cuire 30 à 40 minutes (il faut que les pigeons soient suffisamment cuits pour les désosser facilement à la main ensuite)

Retirer les pigeons, laisser refroidir, désosser.

Mélanger le jus de cuisson refroidi avec les œufs, battus en omelette.

Vérifier l'assaisonnement.

Montage :

> *Beurrer le moule au pinceau, répartir les morceaux de pigeons, les pistaches, les épices et enfin le jus de cuisson avec œufs.*
> *Recouvrir l'intérieur du moule d'une mince couche de feuilletage*
> *Faire un dessin sur la pâte et la beurrer généreusement.*
> *Enfourner four 180° pendant 30 minutes*
> *Ce plat peut également se manger froid.*

Pour accompagner la tourte de pigeons aux pistaches il faudra rechercher plutôt un vin de paille très aromatique mais avec une acidité dominante. »

Les accords de Christophe Ménozzi
« Un des plus beaux produits du monde »

Avec Christophe Ménozzi, Maître Sommelier de France UDSF (promu fin 2001), Meilleur Sommelier du Jura/Franche-Comté en 2000 (il vient de rejoindre l'équipe du restaurant prestigieux Le Relais Château de Germigney à Port Lesney après avoir été sommelier indépendant)[1], les propositions et conseils d'accords

---

1. Il a collaboré avec Michel Patois, physicien, au projet d'une carafe à décantation instan-tanée, l'*Ovarius*. Mais il a surtout un CV impressionnant : vainqueur du concours Ruinart du meilleur sommelier Suisse Romande (1999), Meilleur sommelier selon Gault et Millau (2001), nommé Homme du Vin par Terre et nature (2003), Homme de l'année du vin pour L'Escançao do ano, au Portugal (2004) etc. Par ailleurs prestataire au sein de l'Institut du vin et du goût à Arbois après avoir été sommelier et responsable de restaurants dans le Jura et à Besançon (entre autres). Un CV qui tient pas moins de deux pages !

Le vinaigre de vin de paille

Philippe Gonnet, d'Arbois (16 Grande Rue), affable et enthousiaste, est le seul à réaliser, élever, produire, commercialiser un vinaigre de vin de paille, entre autres créations (on trouve aussi du vinaigre de vin jaune, de Savagnin, de Chardonnay, de Poulsard etc.). On peut le découvrir sur Internet où un site présente ses diverses productions et une importante revue de presse qui lui a été consacrée. L'idée lui est venue voici quelques années et plusieurs d'essais furent nécessaires pour y parvenir, la transformation en vinaigre du vin de paille étant particulièrement difficile.

Son Vin de Paille, résulte de raisins séchés sur un lit de paille dans des cagettes à fruit puis pressés et mis à fermenter en tonneaux de chêne. L'élevage se poursuit en pièces de chêne de 228 litres, en vieille cave du XVIIᵉ siècle à température constante, ce qui permet un vieillissement harmonieux. La transformation définitive en vinaigre pendant au moins 8 mois s'effectue à l'étage supérieur dans un local ventilé, en feuillettes ou en quartauts (57 litres). Le produit est ensuite filtré afin d'éliminer toutes les impuretés. Tous ces produits sont réalisés à partir de vins du Jura, essentiellement d'Arbois de bonne qualité.

Pour l'avoir goûter, nous lui reconnaissons une grande douceur et finesse où se retrouvent les caractéristiques du vin initial. On ne s'étonne pas que les grandes maisons étoilées (de Ducasse à Loiseau en passant par Blanc, Jeunet, Basso-Moro, Fassenet, Röllinger etc.) lui fassent confiance. Il est aussi présent chez les 3 étoilés de Tokyo.

L'analyse de Christophe Ménozzi, Maître sommelier de France, que nous reproduisons avec son autorisation est précise :

Dégustation :

– Visuel : Robe or sombre légèrement ambrée, avec nuances d'ocre et de doré. Larmoyant.

– Olfactif : Nez rond et sans agressivité de graphite, de fruits secs, fruits confits et épices.

– Gustatif : Bouche très subtile avec en retour des notes d'épices orientales.

Vieillissement : 10 ans et plus.

Accompagnement : Foie gras poêlé, déglaçage de langoustines, poissons grillés, crustacés. Il s'associe à merveille avec les cuisines d'Extrême-Orient.

Robe : Magnifique robe jaune mordoré profond avec des reflets ambre clair apaisant. Un disque vieil or, une matière colorante assez soutenue, brillante et limpide.

Nez : Époustouflant 1er nez de bonne intensité aux arômes de fruits à chair blanche compotée, presque cuit, exotique, d'épices, de fruits secs et d'agrumes. La persistance est très bonne sur une évolution fine, presque juteuse. L'élevage, bien sûr, se marque. Avec un peu d'agitation le 2e nez s'ouvre avec une grande expression de notes de prune blanche compotée, de marmelade d'orange, de figue sèche, d'abricot chaud, de fruits secs, de poivre blanc frais, d'ananas très mûrs et une touche presque de coco. La qualité finale du nez est raffinée.

Bouche : À l'attaque fraîche, presque de tendresse avec un sucre qui enrobe parfaitement l'acidité de ce vinaigre. Eh, oui, il s'agit bien d'un vinaigre. Un milieu de bouche incroyablement structuré, un super équilibre qui donne du ressort au vinaigre. Une évolution de jeunesse par son acidité et de maturité par sa générosité. Les arômes du nez se distinguent en bouche les uns après les autres, d'un grand charme.

Remarque : Un vinaigre haut de gamme. Ce qui est flagrant c'est le respect des arômes du vin de paille qui séduisent et la touche de sucrosité conservée.

Accords mets & vinaigres :

– Tartare de saumon aux fruits secs marinés au vinaigre de vin de paille et blinis,

– Foie gras chaud poêlé et chutney exotique au vinaigre de vin de paille,

– Soupe de melon glacé au vinaigre de vin de paille et lamelle de jambon de parme,

– Tempura de langoustine, bouillon de perle de légumes et vinaigre de paille.

mets et vin de paille se révèlent naturellement sophistiqués, même si pour lui les recettes sont de grande simplicité « *il n'y a rien de compliqué, elles demandent seulement du temps ; un temps qu'il faut savoir prendre.* » Il précise, contrairement à ceux qui préconisent de le boire seul « *tout vin doit être en accord, d'abord avec soi-même et ensuite avec la gastronomie.* » Des plats donc qu'il a lui-même élaborés, et « vérifiés » qu'ils « fonctionnaient » estimant que pour faire correctement son travail, un sommelier doit connaître parfaitement la cuisine et la combinaison des produits entre eux pour en composer les plats.

Il va même plus loin et rêve d'un restaurant où le client choisirait son ou ses vins et où les cuisiniers composeraient donc son ou ses plats en fonction des notes et des fiches élaborées par le sommelier. Le chef proposerait alors un panel d'assiettes correspondantes… un rêve en fait devenu réalité à Paris depuis quelque temps où un restaurant fonctionne ainsi.

Travaillant avec passion depuis des années dans le domaine des arômes, notre Maître Sommelier attire aussi l'attention sur le fait qu'il ne faut pas parler du vin de paille d'une façon générique : « *comme pour les autres vins, même si les procédés de fabrication sont les mêmes pour tous, puisque définis réglementairement, il existe autant de différences entre les vins de paille qu'entre les autres vins classiques et cela même si la sucrosité domine, on relève de gros écarts de l'un à l'autre. Différents par les cépages, les proportions de chacun d'entre eux entrant dans la composition, les rouges, les blancs, les plus ou moins ambrés, la proportion de Savagnin qui apporte l'acidité et la structure, le floral du Chardonnay, du Poulsard qui arrondit, du Trousseau éventuellement etc. Il y a de gros écarts. À cela s'ajoutent l'effet millésime, la durée de vieillissement et ses caractéristiques. Un élément fondamental.* »

Dans sa cave d'un village proche de Lons le Saunier, au cœur du vignoble, s'alignent quelque deux cents bouteilles de vin de paille, remontant sur une trentaine d'années. Un véritable « *conservatoire des arômes du paille* »! Christophe Ménozzi, qui travaille sur les sensations et arômes du vin, en achète chaque année une dizaine de bouteilles, suivant l'évolution au fil du temps. Avec gourmandise et les yeux pétillants de bonheur et de passion il affirme « *c'est un des plus beaux produits du monde, un des plus nobles ; on se grandit en le buvant, on devient meilleur, comme lui.* »

Christophe Ménozzi nous a dressé une liste de mets qui lui semblent parfaitement convenir pour accompagner le vin de paille. Sans être exhaustive, elle offre un éventail particulièrement riche, propre à faire rêver tous les gourmets. Il tient toutefois à insister : ce n'est pas le même vin de paille qui accompagnera tous ces plats ; aucun n'est pareil (*cf. supra*) et il s'agit de choisir celui qui convient dans ses équilibres de sucrosité, de fraîcheur, de vivacité etc. « *il n'y a pas 1 paille ; il faut faire très attention. D'une année à l'autre, d'un producteur à l'autre il existe de réelles différences.* » On remarquera aussi que si l'on trouve poissons, crustacés, viandes ou desserts, ne figurent pas de fromages dans cette liste. Ce qui laisse encore d'autres préparations à tester et découvrir ! En fait, Christophe Ménozzi est dubitatif quant à la pertinence d'associer fromage et vin de paille. « *Une fourme d'Ambert, une tome de Montbrison ou un beau Bleu de Gex, oui voire une vieille mimolette ; mais le roquefort ne me paraît pas évident, il est trop salé…* » Un débat en perspective avec ses amis vignerons que nous évoquons par ailleurs.

Goûtons donc, d'abord en esprit :
- noix de ris de veau croustillante au gingembre, sur lit de poivron confit, sauce réduction de Marsala
- cuisse de lièvre aux raisins épicés et au foie gras
- chaud-froid de langoustines aux saveurs orientales, sauce colombo et aux pommes
- mesclun de Saint-Jacques poêlé au Xérès sur râpé de carottes aux abricots et raisins secs
- baudroie en tronçon doré au curry, risotto aux zestes d'agrumes et safran
- rouget barbet poêlé à l'huile d'olive et rouille, légumes à la provençale confits aux épices

– homard breton servi froid, vinaigrette au vinaigre de vin de paille[2] et endives confites

– canard nantais laqué au vin de vin de paille, betterave rouge râpée et semoule aux fruits secs

– épaule d'agneau d'Écosse confite au citron, mirepoix de légumes et échalotes confites

– curry de rognon de veau à l'indienne et raisins secs aux pignons de pin

– bricelets fourrés à la glace 4 épices sur une poêlée de pommes au miel

– pain d'épices aux poires, meringue et glace aux épices

– quartier d'orange à la marmelade d'orange, coulis et glace réglisse

– feuillantine de chocolat à la poire et aux kumquats

– salade de fraises et banane séchée, aux zestes d'agrumes confits

– dés de reinettes et citron confit, crème glacée au rhum et raisins de Smyrne

– figues entières poêlées au jus d'orange et crème anglaise à l'infusion de thé Earl Grey

– meringue tiède d'ananas sur une tranche de coing aux amandes rôties

Un « petit » aperçu qui ne peut que se conclure par un « *Bon appétit* » que l'on peut être sûr de voir confirmer !

À la lecture de ces recettes, on remarquera bien entendu une dominante dans les confits, les épices, l'astringence, les saveurs que l'on peut qualifier d'orientales, les pointes acides qui viendront se marier avec bonheur avec le vin de paille choisi pour l'accompagnement.

Il convient aussi de noter un point important pour apprécier correctement le nectar, la température de consommation. Pour Christophe Ménozzi, il faut le boire à 8°C, ce qui implique une température de service à 6°C. Il peut être aussi utile dans certains cas de le carafer. Pour le conserver à cette température le temps du

---

2. Voir par ailleurs le chapitre consacré au vinaigre de vin de paille.

repas, il conseille de mailloter la carafe dans un linge humidifié à l'eau froide. L'autre point dont il faut tenir compte est bien sûr le taux de sucre résiduel : *pas trop sucré en apéritif, sinon cela empâte pour la suite du repas, un peu plus pour les desserts mais sans plus et encore différent si c'est du chocolat (uniquement amer) ou des fruits confits.* Et se souvenir que l'acidité fait la colonne vertébral du vin ; sans cela *il ne tient pas, comme l'homme sans colonne.* De la même manière, ce qui détermine tout dans un plats *ce sont les ingrédients qui accompagnent, c'est un tout, sinon cela ne marche pas.* Un tout où le vin de paille est le couronnement.

L'essentiel est *de trouver l'émotion gustative. Le vin n'est qu'émotion !*

Un whisky… de paille ?

Non, on ne fait pas de whisky avec le vin de paille. Mais on en élève qui affiche le goût de paille, et cela depuis quelques années maintenant.

Pascal Tissot en fabrique à la Brûlerie du Revermont de Nevy sur Seille pour Bernard Mangin (Brasserie Rouget de Lisle à Bletterans) et lui-même. 2011 est la quatrième année, sachant que le minimum obligatoire de séjour en fût de bois pour commercialiser un whisky est de trois ans. Trois cents bouteilles furent initialement produites ; la vitesse de croisière devrait atteindre les mille bouteilles, au moins dans un premier temps.

Il faut savoir que le whisky écossais est ainsi mis dans des tonneaux ayant contenu du porto, du madère, du xérès etc. Pourquoi pas du vin de paille ? Le déclic s'est effectué en apprenant qu'une productrice bretonne de whisky avait acheté des tonneaux à Arbois au Domaine de la Pinte. Pourquoi pas nous, se sont dit Pascal Tissot et Bernard Mangin. Et c'est ainsi que l'aventure a commencé.

Les tonneaux sont achetés lors de ventes, de cessation d'activité, auprès de viticulteurs qui changent régulièrement leur futaille (même si beaucoup préfèrent justement les vieux tonneaux pour le *paille*) etc. « *On n'a aucun problème d'approvisionnement*, confie Pascal Tissot.* »

Outre le vin de paille, un whisky au goût macvin est également réalisé, dans les mêmes conditions.

Quant au whisky vin de paille, il se révèle d'une grande finesse et d'une grande douceur, gommant l'agressivité de l'alcool initial, dégageant des arômes naturellement inédit au regard des whiskies habituels.

Dégustation au château

Le site Caveprive.com publie les notes de dégustation d'une belle « verticale » des vins de paille du Château d'Arlay. Ceux que nous évoquons par ailleurs, en présentant le château et les vins d'Alain de Laguiche. Les voici :

1998

Style classique à l'ancienne : arômes de vieux rhum et de fruits exotiques, bouche riche et équilibrée, avec du gras mais élégante acidité en finale.

1999
Style plus austère (moins de résiduel), premier nez de champignon, puis plus classique (fruits exotiques) et même minéral. Idéal pour un cigare.

2 000

Refusé à la dégustation d'agrément AOC à la mise en marché (jugé hors norme), il est étiqueté — ce qu'il n'est pas ! — en *Vin Issu de Raisins Surmuris* (VIRS) selon la législation européenne...

C'est pourtant la perfection, le plus beau de notre cave depuis 50 ans ! Je lui trouve des accents de Pedro Ximenes que j'affectionne.

Tout y est : liqueur, robe foncée et brillante, du gras mais de la fraîcheur, très très riche (datte, praliné, châtaigne, cacao, fruits exotique, vieux rhum, raisin sec, caramel au sel de Guérande, et j'en passe...). Tout simplement monumental !

Et une honte pour le système des agréments de l'AOC à l'époque (puisqu'un agrément se refuse sur des défauts organoleptiques) : ce n'est pas un « V.I.R.S. » mais bien la Vertu... C'est mon coup de cœur ! Et mon coup de gueule !

2 001

Style classique, genre 1998, mais plus marqué au nez par le thé noir, le graphite et le bois exotique. Bon équilibre résiduel-acidité.

2 002

Premier nez de vieux fût, puis bouquet délicieux sur la cire d'abeille et les fruits exotiques, très belle harmonie en bouche. Un peu moins puissant que 2001 et pourtant plus charmeur.

2003

Joli bouquet d'épices tendres, de fruits à l'eau-de-vie, de caramel et d'allumette craquée en finale.

Style original, du charme, un vin à déguster consciencieusement pour en faire le tour complet.

2004

Nez fumé et fruits à noyaux, bouquet marqué par l'abricot sec, style un peu plus mordant que d'habitude, délivrant des acides et amers très présents en fin de bouche sans être gênants du tout, d'autant qu'on se surprend même à les apprécier par leur très longue finale et un curieux effet désaltérant. Pourquoi ne pas essayer avec un cigare épicé de Sumatra ?....

2005

Davantage de résiduel que 2004, nez de fruits exotiques confits, bouquet complexe avec notes empyreumatiques et miellées. Vin suave.

2006

Style classique dans le meilleur du terme : ce qu'il faut de liqueur, d'acidité, d'amers, et d'alcool, de richesse et de légèreté. On croque dans le raisin sec, il ne manque que les pépins. C'est long en bouche et aérien dans le style. Avec un foie gras chaud déglacé avec le vin et une poignée de girolles.

Cl. Château d'Arlay.

Verticale au Cellier des Chartreux

2010 (en fin de fermentation), 2009 (toujours en fût), 2006, 2002, 2000, 1998, 1996, 1991, 1988 et 1987. En dix stations voici la verticale quasiment de rêve que proposait le Domaine Pignier ce dernier jeudi de décembre 2011 avec la participation de la journaliste spécialisée Florence Kennel (blog Verre de Terre, sur Internet)[1]. Une verticale émouvante puisque la bouteille de 1987 était la dernière de ce millésime, qui fut le premier ou presque du Domaine en vin de paille, une spécialité alors nouvelle pour lui, due à la jeune géné-

---

1. Dans son « post » relativement long, Florence Kennel passe en revue le *vade-mecum* du dégustateur de paille, ensuite, les petits secrets de fabrication des pailles jurassiens, et ce qu'il faut comprendre du cahier des charges des appellations de paille. Enfin, la méthode d'élaboration propre aux Pignier, et les accords mets-et-vins qu'on peut essayer.

Dans ce post très personnel que l'on ne peut qu'inviter les amateurs à découvrir en entier elle écrit : « Finalement mes meilleures appréciations vont aux vins qui en ont le plus (de volatile) dixit les Pignier : le 1998 notamment, splendide d'équilibre, grâce à une finale vive qui réveille le palais, et dont pourtant le nez hésitait entre l'amande et l'alcool. »

Avec cette approche des vins de paille s'étendant sur 23 ans, Florence Kennel remarque : « finalement, le millésime a relativement peu d'importance. Certes, 2000, année généreuse en rendement, donne un vin moins concentré, à la finale plus chaleureuse, que 1998, nerveux et vineux, très « Pignier » dans son acidité. Mais 2009, grand millésime (goûté sur fût), donne des notes de raisin sec plus banales que le registre fruité (abricot, mangue) de 2010, année plus froide (aussi sur fût). Une chose est sûre : les arômes changent de registre au cours des décennies. Typiquement, le style Pignier, en vin jeune, donne des arômes fruités exubérants, puis évolue, à partir du millésime 2002 sur des notes de fleurs (rose ancienne, bergamote) avant de basculer dans le registre des fruits secs (amande verte et noisette) à partir de 15 ans d'âge. »

Florence Kennel aborde également la question de la réglementation, et des commissions d'agrément auxquelles participent Marie-Florence et Jean-Etienne Pignier ce qui leur permet de reconnaître au premier coup d'œil un paille qui a bénéficié d'un séchage accéléré.

« Chez les Pignier, il dure 5 mois (…) chez les bons faiseurs de paille, c'est la course d'escargot à celui qui pressera le plus tard. (D'autres accélèrent le séchage par ventilation) ils donnent alors des vins épais, lourds, foncés (…) L'autre détail législatif qui exaspère les Pignier, et certains de leurs collègues aussi, c'est la limite des 14° d'alcool. (…) « Il y a des gens qui ne veulent pas admettre qu'on puisse faire du paille avec des levures indigènes », râle Antoine Pignier. « Ca oblige à travailler avec des levures du commerce (…) Sous prétexte de tirer la profession vers le haut, en fait, on standardise le paille. Il faudrait se contenter de goûter le vin, et s'il est bon, de l'agréer comme tel, tant pis s'il fait 13 ou 12°. »

ration Jean-Etienne, Antoine et Marie-Florence. Bouteilles émou-
vantes et précieuse, recouvertes de la poussière vénérable des ans
descendue des murs ancestraux.

Verticale intéressante aussi en ce qu'elle révèle l'évolution du
travail du Domaine, depuis sa période « classique », puis la découverte du bio et enfin son engagement complet avec l'adoption sans
retour de la bio-dynamie. Evolution presque symbolisée aussi par
les changements de flaconnage, avec tout d'abord la demi-normande
haute, puis la demi-jura enfin la bouteille de paille préconisée depuis
quelques années par la Société de Viticulture, sur le modèle de la
bouteille de 1865 (*cf* par ailleurs).

Cette dégustation d'entre Noël et Jour de l'An a bien entendu
mis en évidence des arômes, des couleurs, des saveurs, des attaques
et longueurs en bouche bien différents d'une année à l'autre, dans
des registres multiples et une large palette caractéristique des *paille*.
Les années ne se ressemblent pas, du point de vue météorologique ;
les pourcentages des cépages entrant dans la composition ne furent
pas toujours identiques, les quantités variant selon la réalité de la
vendange et le domaine ne produisant à l'origine quasiment pas de
Poulsard (qui sera par contre hégémonique pour le millésime 2009).
Mais par delà la dégustation proprement dite, ce fut une nouvelle
fois l'occasion d'échanger avec la fratrie sur leur conception du vin,
leurs objectifs, leur façon de faire qui s'est émancipée peu à peu des
schémas appris dans les écoles de viticulture.

Ainsi le Domaine, comme d'autres bons confrères, choisit-il un
passerillage (la période de séchage du raisin où il se déshydrate peu à
peu) très long « *on souhaite ainsi rester sur le côté fruit sec. Quand le
séchage est accéléré, avec des ventilateurs, c'est plus le côté confiture qui
ressort, et ce n'est pas notre goût. Généralement, on presse en février-mars.
Cette année c'est exceptionnel, comme en 2003, on a pressé en décembre.* »
Pour ce vin de patience, les Pignier privilégient donc la longueur et
ne veulent pas bouleverser le rythme qui lui convient.

La patience et le temps au temps c'est « *d'abord un long repérage
avant la vendange, dans les parcelles les mieux exposées où les grappes
arrivent à maturité au bon moment, une vendange sans précipitation*

Florence Kennel (à gauche) en compagnie de Jean-Étienne, de Marie-Florence, d'Antoine et de leur jeune stagiaire à l'issue d'une enrichissante verticale au caveau du Domaine Pignier.

pour faire les meilleurs choix et ensuite une vérification permanente sans cesse renouvelée jusqu'à la pressée. »

Actuellement, le Trousseau ne compose qu'une petite partie de l'assemblage *« on va augmenter sans doute sa part. On a des parcelles replantées en Trousseau qui semblent donner de belles grappes lâches, avec des petits grains qui devraient bien convenir. »*

Souvent, le Chardonnay domine, avec quelques exceptions comme dans le 2009 (pas encore commercialisé) où le Poulsard représente entre 80 et 90% ! Un vin qui apparaît, pour cela, plus cuivré que les autres. Dans les plus anciens millésimes au contraire, peu ou pas de Poulsard : le Domaine n'en avait pas à l'origine et ne s'est mis à en planter que peu à peu.

On sait aussi la passion de la fratrie pour les vieux cépages, sinon oubliés du moins écartés. Aussi aimeraient-ils pouvoir en mettre de petites proportions, comme l'Enfariné. Mais la réglementation l'interdit. Ah, la réglementation ! Tout le monde aimerait pouvoir la tirer dans le sens qui lui semble le plus approprié. Chez Pignier, on n'en conteste pas la nécessité afin d'éviter que la tentation ne se développe de « faire n'importe quoi » ; pour autant, rigueur ne voulant pas dire rigidité, ils estiment qu'il serait bon que se manifeste parfois un peu de souplesse, notamment dans le domaine du degré alcoolique minimal. « *On risque d'en arriver à des aberrations pour atteindre le niveau de 14% minimal. Après, cela conduit à des produits standards sans personnalité. Le problème, c'est l'incitation à l'utilisation de levures du commerce au lieu de levures indigènes, plus délicates, plus difficiles pour la fermentation. Cela correspond au souhait de certains de tirer l'alcool vers le haut. La dégustation devrait suffire, que l'échantillon proposé ait bien le caractère d'un paille, même s'il n'a pas tout a fait le degré voulu.* »

En remontant les millésimes, on découvre des vins plus secs, moins sucrés avec parfois un goût de fumé plus ou moins prononcé ; un peu d'acidité quand le Savagnin était jeune, le 87 apparaissant comme le plus alcooleux. Mais tous superbement intéressant dans leur complexité, traduisant une évolution permanente des techniques et des approches du vin, des manières de l'élever, d'une ambiance à laquelle il est si sensible.

Une quinzaine d'hectos était espérée en cette année 2011. Finalement, ce ne sera sans doute qu'une petite dizaine, tant la concentration était importante et d'autre part parce que le triage final avant la pressée fut conséquent. Le revers de l'excellence.

Jean-Etienne Pignier résume bien la situation comme la philosophie qui les guide tous les trois « *il faut garder la réalité du terrain ; et la réalité du terrain, c'est que le vin de paille, c'est pas facile !* »

Vin de Paille
& culture

Le Vin de Paille
dans les livres spécialisés…
ou pas

EN OUVERTURE de son livre fameux « Les vignobles du Jura et de la Franche-Comté synonymie, description et histoire des cépages qui les peuplent », paru en 1897 (et réédité en fac similé en 1993), Charles Rouget « viticulteur à Salins » souligne « *il est peu de vignobles qui aient été l'objet d'autant d'études et de notices que ceux de la Franche Comté et en particulier ceux du Jura. Sans parler de l'essai de Jean Bauhin, au seizième siècle, on n'en compte pas moins de neuf ou dix parus en ce siècle* [le XIXᵉ, Ndlr] » Ouvrages visant à résoudre notamment tous les problèmes

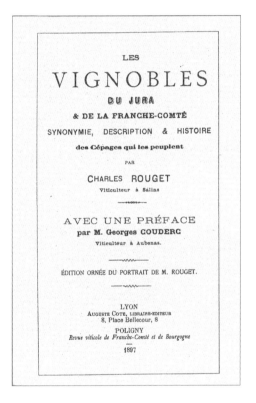

de synonymie qu'engendre le nombre de cépages. Si, aujourd'hui, l'encépagement est contrôlé et encadré, il faut dire qu'à l'époque, un foisonnement extraordinaire prévalait. Ainsi dans son ouvrage, Charles Rouget n'examine pas moins de quarante d'entre eux ! S'il ne parle pas du vin de paille en particulier (ce n'est pas directement son propos), on notera toutefois un passage où il cite Arbry d'Arcier

« traitant des vins d'Arlay (et) émet l'opinion qu'ils lui paraissent avoir le caractère que Pline a signalé comme étant celui des vins de Séquanie, tant prisés des Romains du premier siècle. » Quand on sait le goût des Anciens pour les vins à forte sucrosité, on peut se demander s'il ne s'agissait pas d'un ancêtre du vin de paille…

Paille ou ancêtre du paille, ce vin évoqué par Loys Gollut (le plus ancien écrivain comtois que l'on connaisse, auteur en 1591 de Mémoires de la République Séquane) qu'il décrit « entremeslant une miellée doulceur avec une gailarde et picquante haleur ? »

Nous ne passerons pas en revue tous les livres ayant traité plus ou moins incidemment de ce vin de paille si prisé et si rare, mais quelques uns d'entre eux méritent qu'on s'y arrête et peuvent être considérés comme représentatifs d'un ensemble.

Dans son célèbre « Voyage historique et physico-économique dans le Jura » paru en 1801[1], l'agent forestier J-M Lequinio, un Breton, consacre un paragraphe au vin de paille.

Vin de paille. Se fait en petite quantité au mois de pluviôse, de raisins cueillis bien mûrs, non pourris, et par un beau temps, coupés doucement, transportés sans les meurtrir, conservés sèchement sur de la paille ou suspendus, réduits des trois quarts par la dessiccation, très-complètement mûris et sucrés, égrainés avec précaution, et mis aussitôt sous un pressoir fait exprès, grand comme un rouet à filer, qui se transporte et se prête, que les dames manient, et qui souvent obtient les honneurs du salon.

On choisit les espèces les plus sucrées, et que je décrirai bientôt, dite savignain, troussé, poulsart et ce dernier, sur-tout, parce qu'il a, de plus, le grain très-gros.

Le moût sort de la presse épais et gluant comme du syrop. Ce vin se soutire plusieurs fois dans l'année, deux fois chacune des deux années

---

1. L'ouvrage est paru avec une première préface datée du 15 frimaire, an 9 intitulé « Au Tonnerre ». Cette dédicace fut jugée ambiguë et en suscita une deuxième « A Bonaparte, premier consul » le 9 nivôse, an 9, accompagnée de la première. Le livre fut réimprimé en 1979 par Lafitte reprints dans ses caractéristiques premières et avec ses deux dédicaces. Joseph-Marie Lequinio (1755-1813) qui signe son livre « l'agent forestier » fut député du Morbihan.

qui suivent, n'est bien bon qu'à douze ans, et gagne jusqu'à trente, est sucré, stomachique, médicinal. [Orthographe de l'édition respectée]

On remarquera bien des similitudes avec les techniques actuelles. On signalera par ailleurs que Joseph-Marie Lequinio évoque aussi le vin de gelée, le macvin et pour ce qui est des « vins fins » il les décrit « *exquis, salutaires, et dignes d'être servis à la table des dieux.* »

Avant son monumental « Dictionnaire historique, géographique et statistique du Jura » paru en 1854, Alphonse Rousset avait publié l'année précédente une « Histoire et Géographie du Jura » rééditée en 1994 chez « Barré et Dayez éditeurs » dans la collection Nouvelle Revue d'Histoire dirigée par Jacques Enfer. Lui aussi consacre quelques lignes au vin de paille. « *Il se fait avec du raisin choisi et conservé pendant quelques mois dans un lieu sec à l'abri de la gelée, soit suspendu, soit étendu sur de la paille ou des claies d'osier ; après en avoir détaché les grains pourris, il est soumis au pressoir et rend une liqueur très sucrée, qui a besoin d'être soutirée plusieurs fois et gardée pendant plusieurs années pour perdre sa viscosité et devenir plus ferme, plus légère et plus claire.* » Jusqu'ici, les remarques et observations rejoignent largement celles de Lequinio un demi-siècle auparavant. Mais Rousset conclut bizarrement : « *c'est ainsi que se compose et se conserve le vin jaune, dit de Château-Chalon* » ! Peut-être vient de là la confusion de certains non-connaisseurs en vin du Jura entre vin de paille et vin jaune…

En remontant beaucoup plus loin, rappelons que le savant polonais Pierre Crescenzi écrivait au XIVe siècle dans son opus « Rustican » : « vin de paille : qui conforte et émeut le corps et oste la tristesse de l'âme. » Nous en parlons plus longuement dans le chapitre *vin de paille et santé*.

DE QUELQUES GUIDES « ANCIENS »

Autre voyage en Franche-Comté, mais plus récent celui-ci puisque datant de 1991, celui proposé à travers *L'encyclopédie de la Franche-Comté* aux Éditions La Manufacture. Un petit paragraphe est consacré au vin de paille accompagné d'une très belle photo. Il y est signalé qu'il s'agit d'un produit « confidentiel », vendus en très petits flacons, avec une description de son mode de séchage, la lente fermentation du jus pressé, le faible rendement et l'obtention « d'un vin très corsé de 14 à 17 % d'alcool, mais qui reste néanmoins très sucré. »

Le guide « Jura » (1998, par l'éditeur belge La Renaissance du livre) n'est lui aussi pas très prolixe sur le vin de paille, puisqu'en moins de dix lignes, on parle de vendanges tardives, de grains « surmaturés » déposés pendant deux ou trois mois sur des lits de paille, où l'aération produit une très forte coloration des sucres.

Nous ne passerons pas en revue ici les différents — et aujourd'hui nombreux — livres-guides consacrés aux vins et aux vignobles. Ils peuvent être facilement consultés. Citons-en simplement quelques uns — un peu — plus anciens. Ainsi « Le livre d'or du vin » de l'Américain du Nord Franck Shoonmaker, grand prix de l'Académie du vin de France (Éd. Marabout), parle du vin de paille comme « un vin blanc extrait de raisins qu'on a laissé sécher parfois au soleil, mais plus souvent à l'intérieur, sur des nattes de pailles. Ces raisins produisent un vin doux, doré, en général fort riche en alcool. En France, les vins de paille les plus célèbres étaient ceux d'Alsace, de l'Hermitage et du Jura. On en produit encore une infime quantité dans le Jura. » Ce livre, on le constate, a été publié avant la grande relance de ce vin au début des années quatre-vingt. Ainsi l'article *paille* renvoie-t-il au *passito*, un vin italien « fait de raisins en partie séchés ou passerillés, à l'extérieur ou sous abri. » Il les rapproche aussi de vins corses « passerillés sur souche ou séchés sur toits ou terrasses faites de dalles de schiste vert. »

Dans son édition de 1980 de son « Petit guide de poche du vin et de la cave », Raymond Dumay (Éd. Sand) évoque lui aussi, à côté du Jura, l'Alsace et Tain l'Ermitage. Tout en précisant que le Jura « est peut-être le dernier à maintenir cette tradition. » Par contre il affirme « ce sont des vins de gelée, fabriqués en février avec des raisins récoltés en novembre et gardés sur des claies de paille ou suspendus à des fils de fer. On les passe dans des pressoirs comparables à des jouets d'enfant et on les conserve pendant 10 à 20 ans dans des petits fûts en cœur de chêne. On les met ensuite dans des demi-clavelins ou dans des demi-bouteilles champenoises. » On peut imaginer que sa connaissance du vin de paille ne s'est pas faite sur le terrain, ou alors rapidement…

Pour en terminer avec les guides, nous nous arrêterons enfin au « Guide mondial du connaisseur de vin » de Hugh Johnson (Éd. Robert Laffont) publié en 1983, par ailleurs très joliment illustré avec charme et humour. Cela dit, le Jura n'occupe que deux pages et demie dans un ouvrage qui en comporte 544, et dont la moitié d'une de ces pages est occupée par un dessin et une page complète aux adresses d'un certain nombre de vignerons renommés. La description des vins de la région est par contre souvent très… approximative. Il indique que l'Étoile ne produit que vins blancs et vin de paille, et qu'ailleurs, celui-ci a pratiquement disparu « au moins sous sa forme authentique ». Le comparant au « Vin Santo italien », il précise qu'on le faisait « en suspendant des grappes aux poutres ou en les étalant sur des matelas de paille pour que les raisins concentrent leur douceur. » Là aussi, on sent que la notice a été écrite avant le renouveau de ce vin.

DES ÉTUDES APPROFONDIES AU XIXᵉ SIÈCLE

Sous un titre que l'on pourrait qualifier de banal et d'anodin, *Étude des vignobles de France pour servir à l'enseignement mutuel de la viticulture et de la vinification française* paru en 1876, le Dʳ Jules Guyot a publié un ouvrage fondamental. En deux volumes, de plus de 700 pages chacun, il passe en revue tous les terroirs de France – ne se contentant pas de rapports et récits de seconde main -, et il faut se souvenir qu'à l'époque on cultivait du vin partout. Sa curiosité, et son rendu, portent sur tous les registres puisqu'il est aussi bien question du travail de la vigne, sa taille, son entretien, les instruments aratoires, le travail en cave, le tout illustré de dessins des

Plusieurs types de bouteilles

Il n'existe aucune forme spécifique obligatoire pour les vins de paille, elle reste au choix des vignerons : il existe ainsi des formes longilignes au col très haut, très élancées (le type Bellissima), des formes rappelant les bouteilles Jura, les normandes, hollandaises, des épaulements plus ou moins prononcés, des ventrus etc. toutes bien entendu en ½ puisque contenant 37,5 cl. Certains auraient souhaité le demi-clavelin, la demi-bouteille de vin jaune, ou au moins s'en rapprocher. Mais celle-ci est interdite en France dans cette contenance, même si elle peut être autorisée à l'export. Cela se révélait compliqué. Pour des questions de normes, beaucoup se sont donc rabattus sur une forme rappelant la demi-Jura.

Toutefois, voici quelques années, un « nouveau » flaconnage est apparu : une bouteille trapue, au verre sombre, renflée à la base avec un col assez long orné d'un écusson où est écrit moulé dans le verre « vin de paille » et une bague en haut du goulot (comme les bouteilles de vin jaune), un cul profond et un cran. En fait, la reproduction – presque – à l'identique d'un modèle original de... 1865, retrouvé dans une cave privée de Poligny que Marcel Petit, du Domaine Petit à Pupillin, débarrassait. Sur la bouteille d'alors, une simple mention « vin de paille 1865 » écrit à la plume. L'étiquette est toujours bien visible et lisible. Son ami Guy Rolet se montra tout aussi passionné par cette découverte. Il fit tourner un moule en bois, puis en téflon. Après deux années d'études, et d'argumentation pour convaincre, d'essais en calculant la surface où l'étiquette pourrait être apposée etc. le modèle fut approuvé ; il est aujourd'hui déposé par la Société de Viticulture et chaque bouteille porte la marque de la SVJ. Le calibre est semblable à celui de la bouteille Jura, ce qui facilite la mise en place sur l'étoile des machines d'embouteillage ; mais il faut faire tourner plus lentement. D'abord fabriquée dans une verrerie de l'Oise, elle aujourd'hui réalisée par une usine de Saint-Gobain. 40 000 bouteilles sont réalisées chaque année. Mais seulement un tiers des viticulteurs utilisent ces bouteilles que l'on pourrait baptiser de traditionnelle dont les initiateurs aimeraient

Quatre types de petites bouteilles pour un seul grand vin. Cl. Dominique Robelin.

qu'elles deviennent la bouteille générique, référence du vin de paille, comme sur les documents promotionnels du CIVJ, dans un but d'identification forte. Elle est aussi d'aspect plutôt sympathique.

Mais certains viticulteurs et revendeurs la trouvent peu pratique à embouteiller, étiqueter, stocker, livrer, empiler. Ils lui reprochent également de paraître peu dynamique, d'être trop sombre et ne pas laisser entrevoir les subtils reflets ambrés du contenu, porteurs de rêves, également que la mention 'vin de paille'dans l'écusson soit peu lisible. Ceux-là aiment mieux la mention *Jura* des autres bouteilles. D'autant que les uns comme les autres trouvent la bouteille longiligne trop impersonnelle et peu caractéristique du Jura (mais ceux qui l'ont adoptée la juge plus « dynamique »). Aussi préfèrent-ils les autres formes de petites bouteilles. Mais tout cela est affaire de goût.

La liberté reste de rigueur, ce qui sied aux Jurassiens. À la richesse de la diversité des vins du Jura, correspond une richesse des flaconnages… au risque de dérouter. Mais chacun y trouvera son bonheur.

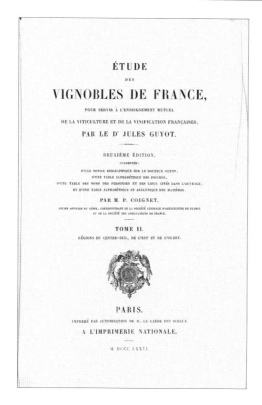

plus précis, les cépages et le résultat des vinifications etc.

Le chapitre consacré au Jura retiendra bien sûr toute notre attention et en particulier les passages consacrés au vin de paille. On notera toutefois quelques éléments généraux où il est dit que la vigne, qui produit 18 millions de francs, entretient et nourrit 20 000 familles, soit 80 000 habitants. Selon le préfet de l'époque et le président du Comice agricole de Lons le Saunier, la vigne est la principale richesse du pays, produisant environ cinq fois plus d'argent que toute autre branche de l'agriculture. Un indice : le percepteur du canton de Voiteur se réjouit qu'en aucun autre pays les impôts ne sont si faciles à recouvrer qu'à Voiteur, Château-Chalon, Baume, Ménétru etc. « *Dans ces communes les impôts sont toujours payés d'avance* » alors qu'ailleurs ils sont recouvrés difficilement et en retard… C'était avant le phylloxéra. L'auteur note aussi que dans le Jura « *ce n'est point le vigneron qui tremble d'être congédié par son propriétaire, mais c'est bien le bourgeois qui craint d'être quitté par son vigneron.* » Il ajoute « *malheur au propriétaire qui le dimanche en passant sur la place publique, oubliait de saluer son vigneron !* »

Quant au vin de paille, il relève « *tous les fins cépages du Jura ont été très heureusement choisis par les créateurs des vignobles : le salvagnin ou savagnin jaune, qui fait la base des vins de garde, de paille et de demi-paille de Château-Chalon, est surtout remarquable par sa liqueur, son parfum et la richesse alcoolique de ses vins.* » S'il trouve les vins rouges sans grand intérêt car n'ayant pas le goût de terroir, il évoque le pulsart, un cépage spécial au Jura. En tous cas les préparations de vins de paille et de demi-paille, des vins jaunes et de garde « *sont parfaites, elles donnent des produits très agréables, très bons et tout à fait supérieurs.* »

Le docteur Rouget dans son « essai médical sur les vins du Jura » que nous évoquons dans notre chapitre 'santé' a fait part de ses observations sur les méthodes pratiquées en cette fin de XIXe siècle et qui n'ont guère évolué. Il écrit « La paille n'ajoute rien à la qualité du vin et il arrive fréquemment qu'au lieu de conserver les raisins sur des couches de paille, on les garde suspendus par des fils au plafond d'une chambre, d'un corridor, ou d'une pièce quelconque. L'essentiel est de conserver les raisins le plus longtemps possible. Plus tard on les presse, plus grande est la qualité du vin qu'on en retire. Quand on tient exclusivement à la qualité du vin, c'est ordinairement vers le mois de mars qu'on procède à l'opération.

À ce moment, la liqueur que l'on retire du pressoir est épaisse et huileuse ; on la met dans un tonneau et on la laisse ainsi fermenter et s'éclaircir. Lorsque le vin est clair et mis tel dans un fût, il ne demande aucun soin jusqu'à la mise en bouteilles. On n'a pas l'habitude de le soumettre à des soutirages, parce que, dit-on, ce vin, comme le vin de garde Château-Chalon, mange sa lie.

Dès qu'il est clair, le vin de paille très doux, très sucré est naturellement agréable à boire ; mais il n'a toute sa qualité que quand il est entièrement dépouillé de sa graisse, c'est-à-dire lorsqu'il a cessé d'être plus ou moins huileux pour acquérir la limpidité de l'eau la plus pure. » Considérant que cette qualité vient avec l'âge, le docteur Rouget affirmait que lorsqu'on veut du vin de premier choix « on le laisse ordinairement séjourner en tonneau une dizaine d'années. » Et il se garde très longtemps dans un grenier aussi bien qu'en cave concluait-il.

E. Templeux, dans son « Franche-Comté et Monts Jura », parle curieusement du vin de paille, le décrivant comme un vin de gelée : « on laisse geler le vin blanc à la vigne, après on le pelle et on le presse sans le cuver. On le boit bourru communément sans qu'il incommode. Ceux qui le veulent encore meilleur le font geler dans le tonneau et le tirent en bouteilles… ce qu'il contient d'eau est séparé de la liqueur spiritueuse. » N'aurait-il pas confondu ?

Quant à Brillat-Savarin, bugiste de Belley et donc proche du Jura, il évoque douceur et générosité pour parler de ce vin dans sa « Physiologie du Goût ».

Le docteur Dumont en 1826 (on remarquera que les médecins se sont beaucoup intéressés au vin) dans un livre intitulé « Statistique du vignoble d'Arbois » décrit fort précisément l'élaboration du vin de paille, son passerillage et son vieillissement en tonneaux durant 4 ou 5 ans.

Pour terminer ce petit tour d'horizon en beauté (où l'on s'aperçoit notamment de la multiplicité d'orthographe du Poulsard, ploussard, pulsart, peloussard etc.) arrêtons-nous sur le « Traité pratique sur les vins » de Henri Machard paru et couronné en 1860, qui connut nombre de réédition. Celle consultée « revue et considérablement augmentée » date de 1874. Extrêmement précis, détaillé, ce Traité contient nombre remarques qui restent tout à fait pertinentes. Pas moins de cinq pages sont consacrés à notre vin de paille. Passant en revue des *paille* produits ailleurs, il remarque que celui du Jura a « une qualité très remarquable. » Il précise « on ne doit jamais se servir de raisins communs pour cet usage. (Si on le fait) il cesse d'être agréable à boire et il est rare qu'il fasse une bonne fin. »

Il explique que « dans le Jura on emploie à la fabrication de ce vin d'élite deux excellents raisins : le pulsard pour deux tiers, et le savagnin jaune pour un tiers. » Il en décrit minutieusement la vendange, le pressurage, la fermentation etc. Il conclut « nous n'ajouterons plus qu'un mot sur cet excellent vin, c'est qu'il réunit à une saveur exquise des qualités hygiéniques très remarquables, et qu'il est salutaire autant qu'il est bon. » Regrettant « malheureusement, il est cher ; mais son haut prix s'explique par la faible quantité de liqueur que donne le raisin à l'état de demi-dessiccation où on l'a réduit ; une pièce de vin de paille représente en effet environ dix pièces d'un vin qu'on aurait obtenu aussitôt après la vendange ; il s'explique aussi par la qualité très-supérieure de ce vin, et par le temps considérable qu'il est conservé en fût. Il ne lui faut pas moins de dix, douze ans et quelque fois plus, pour arriver à sa perfection. »

Cela n'a rien à voir avec notre sujet, mais signalons que Henri consacre deux pages de son ouvrage au thème… « Avons-nous changé de climat ? » Et d'écrire (en 1874 donc) « ce que nous n'osions affirmer encore, et que nous n'avons exprimé que sous la forme d'un doute, notre changement probable de climat, est malheureusement aujourd'hui pour nous une triste certitude : tout se réunit en effet pour nous faire juger qu'au moins des modifications profondes se sont produites dans nos saisons. Elles ne sont plus les mêmes ; tout est exagéré dans leur marche, et leur irrégularité est manifeste. » Nous arrêterons là, sans commentaire…

Un vin médicinal ?

L A BIEN-PENSANCE et le politiquement correct de la fin du XXe et du début du XXIe siècle ont tendance à vouer aux gémonies le vin et ses déclinaisons, sans nuances. Confondant tout sous le terme péjoratif d'alcoolisme, montrant du doigt, et cherchant à les contrôler sous tous les prétextes, les buveurs de vin et assimilant celui-ci sans distinction ni différence aux drogues plus ou moins exotiques ayant envahi la société. Une sorte de prohibition larvée en attendant pire ?

Cela n'a bien sûr pas toujours été le cas au cours des siècles, il suffit pour cela de se souvenir des fêtes de Dionysos, de Bacchus et des rites de toutes les grandes religions européennes antiques[1], voire actuelles et l'action encourageante des pouvoirs publics à diverses époque. Le professeur Jean-Robert Pitte, de l'Institut, l'a montré dans plusieurs de ses ouvrages tels *Le vin et le divin* ou *Le désir du vin à travers le monde*. Ainsi dans ce dernier livre rappelle-t-il plaisamment qu'en 1931 le sous-secrétaire d'État aux Travaux Publics et au Tourisme — par ailleurs maire de Dijon — Gaston Gérard déclarait « *Nous ne témoignerons jamais assez de la reconnaissance au vin. Le Français lui doit ses grandes qualités morales, son esprit, sa gaieté, son sang-froid, son courage [...] Boire du vin, c'est prolonger l'existence [...] c'est préparer une génération intelligente, saine et vigoureuse [...] le vin guérit, nourrit et fortifie.* »

---

1. En Grèce, en janvier se déroulaient les Lénéennes, ou fête des pressoirs et à la fin février durant trois jours les Anthestéries. Les deux premiers jours correspondaient aux épisodes de la vinification, tandis que le troisième (appelé les « marmites ») mettait en valeur le rôle de Dionysos dans les mystères.

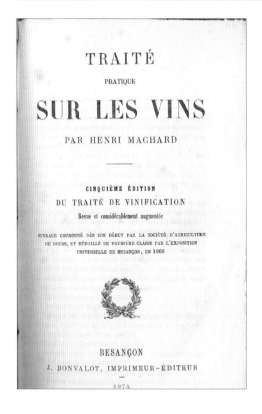

De même, l'association de médecins *Vins et Santé* s'attache à montrer les qualités de ce que le grand Pasteur appelait un aliment, mais aussi la plus saine et la plus hygiénique des boissons.

Bien sûr, et personne n'a jamais dit le contraire, tout est question de quantité et de pondération. La marge est étroite entre dose agréable et dose toxique. Dionysos lui-même, aux dires du poète Euboulos, avait déjà établi les règles du savoir-boire : « je mélange trois cratères[2] seulement pour les gens raisonnables. Pour la santé, le premier que l'on vide. Le second c'est pour l'amour et le plaisir. Le troisième, c'est pour dormir. Celui-ci une fois vidé, les invités sages rentrent chez eux. Le quatrième n'est plus à moi mais à l'excès. » Puis il évoque, si cela continue, le tapage, les esclandres, les bagarres, la maladie si l'on abuse. Ainsi Dionysos lui-même prône une certaine tempérance ; mais pas l'abstinence.

Traditionnellement, la vigne est l'expression végétale de l'immortalité et le vin est le symbole de la jeunesse et de la vie éternelle. Considéré comme le substitut du sang dont il a la couleur, le vin sert à nourrir et à régénérer les morts nous rappelle Jean-François Gautier dans « Le vin à travers les âges, de la mythologie à l'œnologie ». Il nous explique aussi « en faisant du vin une divinité, les Grecs firent aussi de Dionysos un dieu guérisseur. Le vin est à lui seul un remède, écrivait Pline. Cette association médicale a été constante pendant toute l'Antiquité. À telle enseigne que dans les villes

---

2. Coupe antique où l'on mélangeait le vin et l'eau, car on ne buvait jamais de vin pur.

romaines, comme à Pompéi, l'échoppe du marchand de vin était ornée du caducée des médecins. » L'auteur ajoute néanmoins en citant Paracelse (sur un autre sujet) « l'important, c'est la dose. »

Des vertus reconnues

Au XIVᵉ siècle, paraît l'ouvrage d'un savant bolognais Pietro de Crescenzi : « Rustican » ou « Opus ruralium commodorum, libri duodecim », que le roi Charles V dans sa grande sagesse fit traduire en français[3]. On y lit une louange du vin de paille : « le vin de paille conforte et émeut le corps et oste la tristesse de l'âme quand il netoie le san de toute pourreture qui est au cœur. Et pour ce tel vin est bon à toutes gens et à toutes complexions, si on le prend par raison et comme nature le requiert. Et le vin si mue la vertu des âmes car il les torne de cruauté en pitié et d'avarice en largesce et d'orgueil en humilité de paresce en diligence de paour en hardiesce, de esbaïscement en beau parler et de rudesce en cler engin. » Cela dit, on note qu'il enjoint de le boire « par raison et comme nature le requiert » c'est-à-dire sans excès.

Toujours est-il, à l'en croire, que le vin de paille rétablit, à son image, l'harmonie dans l'esprit et dans le corps en effaçant leurs maux.

Comme nous l'indiquons aussi par ailleurs, Henri Machard (Traité pratique sur les vins) écrivait en 1860 à propos du vin de paille « ce vin réunit à une saveur exquise des qualités hygiéniques très-remarquables, et il est salutaire autant qu'il est bon. »

Cela met en exergue les qualités reconnues de notre vin de paille et les conditions ou habitudes de consommation. Un vin, nous

---

3. Pietro de Crescenzi, né à Bologne en 1230 et mort en 1320/21. Est-ce le vin de paille qui lui assura une aussi belle longévité ? Il est traduit en français en 1373 sous le titre « Rustican du labour des champs »… et en français moderne en 1965 avec une préface de Maurice Genevoix. Il est considéré comme le père de la science agronomique en Italie et le restaurateur de l'agriculture au XIIIᵉ siècle. Après l'invention de l'imprimerie, il fut l'un des premiers imprimés, en 1471.

l'avons dit, longtemps considéré outre ses qualités gustatives comme un « vin de malades » pour les aider à recouvrer la santé, un vin de relevailles pour les jeunes accouchées — et la tradition se poursuit en pays viticole, et ailleurs, d'offrir une bouteille du nectar aux nouvelles mamans — revigorant, tonique, propre à redonner vigueur et équilibre tant pour les jeunes mères que pour les convalescents. Un vin thérapeutique portant en lui la vitalité qu'il apportera à ceux qui se trouvent en état de faiblesse, physique ou même morale. Un vin guérisseur que connaissaient nos ancêtres avec leur instinct de jugement pour lui comme pour d'autres produits naturels. Un vin presque médicament – mais qui aurait bon goût ! Un vin remède en tout cas, reconstituant, digestif. D'ailleurs, il se révélait souverain pour traiter les douleurs intestinales des bébés : il suffisait de lui en faire absorber quelques gouttes et la crise s'effaçait.

Et c'est peut-être pour cela aussi qu'il était précieusement conservé dans les familles, avec une recette que chacun gardait soigneusement, tandis que la production réduite incitait à ce qu'il ne soit pas trop « dilapidé » à l'extérieur…

A l'origine de cette réputation médicinale, le sucre très concentré qui apporte un surcroît d'énergie bienvenue. Mais pas seulement… Avec pour effet de se révéler comme un excellent antidépresseur, anti blues, faisant renaître une joie de vivre dès ses premières gouttes avalées. Qui plus est, tout ce qu'il y a de plus naturel.

Vin médecin et vin de médecin, largement encouragé dans nos régions jadis et d'ailleurs il n'y a pas si longtemps. De retour au pays de ses racines, cette habitante de Nevy-sur-Seille se souvient que lorsqu'elle était enfant dans les années cinquante, après une banale maladie « enfantine » ses parents lui faisaient boire avant le repas un petit verre de vin de paille « *pour me remettre d'aplomb.* » Un fortifiant naturel ! D'ailleurs comme le rappelait l'ethnologue Claude Royer « le vin de paille était associé à l'idée de force, d'énergie vitale » à travers les comportements et les croyances populaires jusqu'au milieu du XXe siècle (« Le vin de paille ou l'art du vin » Éditions Château Pécauld, 2001).

À cette époque pas si lointaine « *lorsque quelqu'un venait le voir parce qu'il se sentait fatigué,* ajoute notre habitante de Nevy, *le médecin de Voiteur recommandait d'abord de boire un bon verre de paille !* » Aujourd'hui, une telle *vinothérapie* n'est plus guère recommandée, même si des établissements de cure pratiquent des soins utilisant marc, moûts, raisins et vins… mais à usage externe sous forme essentiellement de massages…

Récemment réédité (Éditions NIL), le livre du Docteur Maury « Soignez-vous par le vin » passe en revue nombre d'affections que les différents vins peuvent guérir. L'un sera plus à même pour les hémorragies, un autre pour la grippe etc. Bourgognes, Bordeaux, Champagnes possèdent chacun des qualités propres à soulager tel ou tel maux. Le Dr Maury donne aussi les posologies, de quelques verres à la demi-bouteille… Il explique d'ailleurs fort bien ce qui fait la différence, du point de vue de la santé et de la réception par le corps, entre l'alcool et le vin : c'est que ce dernier reste vivant, évolue, reste un produit biologique avec toutes ses qualités, ce qui n'est pas le cas de l'alcool. « Le vin représente, dans son ensemble, un remède propre à compenser les différentes carences de l'organisme humain en ferments vivants. »

Pour ce qui est des vins du Jura et du *paille* en particulier, il ne donne pas « d'ordonnance » particulière. Il note toutefois « tous [les vins du Jura] donnent également à l'homme, bien-portant ou malade les éléments minéraux qui lui sont indispensables. »

Les études récentes ont repérées les bons éléments dus au vin qui apporte à l'organisme sept acides aminés. Qui plus est les antioxydants apportés par les poly phénols protègent des maladies cardiovasculaires, et des bienfaits sont également mis en avant dans le domaine de la digestion, de la lutte contre le vieillissement, certains cancers ou les troubles de la mémoire. Sans oublier qu'il est naturellement diurétique et bactéricide. Le tout, redisons-le à condition d'être consommé avec modération.

Le Dr Maury ne faisait que poursuivre une longue tradition. Ainsi, le Dr Thouvenel à la fin du XIX siècle peut écrire au sujet des vins rouge « les vins fins du Jura quand ils sont bien choisis, sont légers, apéritifs et ont un effet tonique sans échauffement. »

Précisément, le Dr Rouget affirme en 1880 les qualités tonifiantes et diurétiques des vins du Jura dont les rouges en 1855 avaient sauvé la population de Levier de l'épidémie de choléra !

Ce docteur Paul-Marie-Joseph-Victor Rouget avait ainsi publié en cette fin de XIXe siècle pour sa thèse, un « essai médical sur les vins du Jura ». Après avoir passé en revue les qualités des vins rouges, blancs, mousseux, jaunes et étayé de nombreuses citations leurs effets bienfaisants sur la santé, il consacre un chapitre au vin de paille. Un type de vin « dans lesquels la quantité de glycose n'est pas entière-ment décomposée par la fermentation.. » Naturellement, il cite le *Rustican* (*cf. supra*) de Pierre Crescenzi mais aussi le Professeur Bouchardat pour qui « rien comme vin de dessert ne doit être placé au-dessus des vins de paille de l'Hermitage, des vins de paille d'Ar-bois, bien réussis, ou de ceux que M. le Comte Odart a préparés par des procédés analogues avec nos pineaux gris. »

Soulignant « « Ce vin est d'une délicatesse incomparable […] on donne ce vin avec avantage aux vieillards pour ranimer les fonctions languissantes, pourvu que les organes ne soient pas dans un état d'irritation.

Il est parfaitement indiqué dans la scrofule. Il agit puissamment, dit Loebstein-Loewel, sur les organes lymphatiques et fortifie l'ap-pareil digestif. On le donne à la dose de trois à six cuillerées à bouche par jour, après le repas, sauf à le supprimer temporairement, afin que l'organisme ne s'y habitue point. On y joint un régime convena-ble. Nous y ajouterions des préparations iodées. »

Et de conclure « ces vins délicieux valent mieux pour les conva-lescents et pour les malades épuisés que les meilleurs cordiaux (Bouchardat). Ils se donnent dans des potions cordiales ; on le pres-crit surtout dans les derniers instants de la vie, pour soutenir le plus possible et prolonger les heures des agonisants (Mérat et de Lens)[4].

---

4. Il y a pire comme acharnement thérapeutique ! Il confirmait en tout cas ainsi les coutumes populaires.

Les conditions de fabrication de ce vin ne permettent d'en faire que de petites quantités ; aussi cet excellent produit n'entre-t-il guère dans le commerce. » On peut le rêver en pharmacie…

Mais comme le dit un auteur avec humour « ce vin des malades convient aussi excellemment aux biens portants. »

UNE EXPÉRIENCE SUR LE CERVEAU

À l'initiative de Christophe Ménozzi, une expérience a été menée, sur plusieurs mois au C.H.U. Minjoz de Besançon service Pôle Recherche Neuroscience. Des nombreux sommeliers venus de toute la France et même de l'étranger ont été sollicités afin d'observer en image IRM fonctionnelle leur activité cérébrale. Expériences menées à Besançon où les sujets passaient une IRM allongé, à l'aveugle en buvant (un peu) de vin afin de voir les activations de telles ou telles parties des lobes cervicaux. Les résultats sont en cours d'analyse mais des présentations ont d'ores et déjà été effectuées à des aréopages de spécialistes, que ce soit à la Chaire Unesco au Clos Vougeot et à Paris, à l'Université de Londres. Pour ce qui est du vin de paille, il semblerait que celui-ci ravive les souvenirs (en raison de la complexité et de la richesse de ses arômes propres à éveiller des émotions anciennes enfouies au plus profond de notre mémoire ?) mais aussi pourrait avoir une action positive pour trouver une voie contre certaines pathologies. Une piste pour combattre ces fléaux comme pour raviver les mémoires trop défaillantes ?[5]

De toute façon, le vin n'est qu'émotion, rappelle Christophe Ménozzi.

Et dans ces périodes de morosité, il se montre le plus à même à nous redonner le moral !

---

5. On peut retrouver ces recherches sur Internet en allant sur http://neurosciences.univ-fcomte.fr/Actu/actualite.html

Quelques définitions

Ampélographie

Le mot vient du grec « ampelos », qui signifie vigne et « graphein », qui veut dire écrire.

Les ampélographes s'attachent à décrire les caractéristiques particulières de chaque cépage et qui lui sont propres. Cela porte sur l'aspect du grain, grosseur, couleur, épaisseur de la peau etc. ; sur le feuillage, la floraison, la résistance, les résultats de la pressée : certains étaient ainsi appelés « teinturier » car il donnait de la couleur au vin clairet.

Le plus célèbre ampélographe jurassien est le salinois Charles Rouget qui au XIXᵉ siècle répertoria et décrivit une bonne quarantaine de cépages jurassiens.

Il n'y a plus aujourd'hui que cinq cépages autorisés pour l'élaboration des vins fins jurassiens et répondre aux critères et exigences permettant l'attribution de l'AOC.

Depuis 2004, la Société de Viticulture a engagé une démarche de repérage, de descriptions et de conservation de ces cépages anciens, et cinquante cinq ont d'ores et déjà été identifiés, retrouvés chez des vignerons amateurs ou des anciens ! Des cépages nouveaux sont apparus suite aux greffes réalisées après la crise du phylloxéra qui dévasta le vignoble européen. Tous font l'objet de soins attentifs dans des vignes conservatoires à Le Vernois, Château-Chalon et Champagne-sur-Loue. Le Domaine Pignier s'efforce aussi de retrouver et faire prospérer ces cépages anciens.

Sans citer tous ces cépages, évoquons simplement le Pourisseux, l'Enfariné, le Meslier, le Foirard blanc, le Bargine, le Gueuche noir, le Gamay noir, le Vert blanc, le Verjus, le Béclan, le Maldoux, l'Argant etc.

A.O.C.

Appellation d'Origine Contrôlée.

Selon l'Institut National des Appellations d'Origine (INAO) « la mention AOC identifie un produit agricole brut ou transformé qui tire son authenticité et sa typicité de son origine géographique. » Son but est de garantir la qualité aux consommateurs et de protéger les producteurs contre toutes les falsifications de leurs produits. Le Jura bénéficie pour ses vins de quatre appellations géographiques : Arbois, Château-Chalon, L'Étoile et Côtes-du-Jura et de deux AOC produits : Macvin du Jura et Crémant du Jura.

Il faut surtout savoir qu'Arbois fut la première AOC de France, le décret paraissant le 15 mai 1936. Les autres décrets « géographiques » suivirent dans la foulée jusqu'en 1937. Le résultat du caractère arboisien réputé ombrageux sans doute ! On notera que l'arboisien Alexis Arpin entra en 1902 au Syndicat national de défense de la viticulture et obtint en 1908 la délivrance d'un certificat d'origine afin de protéger les coteaux arboisiens des tricheries ! De belles prémisses. L'Arboisien d'adoption Joseph Girard fut pour sa part à l'origine de la création de l'INAO et c'est lui qui fut précisément chargé de présenter le dossier du vignoble d'Arbois au Comité National des Appellations d'Origine.

Biodynamie

Les Domaines Pignier, Bourdy de même qu'André et Mireille Tissot, les Domaines de la Pinte, Fabrice Closset ou celui de l'Octavin s'y sont lancés avec courage voici quelques années. Courage car la bio-dynamie c'est plus de travail, plus de contraintes… et un rendement moindre ! Mais c'est un choix éthique en quelque sorte, qui se veut à l'écoute de la Nature au plus près. Il faut suivre le calendrier lunaire et la position des astres, ne travailler qu'à la main, écarter tout produit non naturel (voir le détail ci-après)

Pour enrichir la terre, ou se débarrasser des parasites, les vignerons utilisent par exemple des tisanes de différentes plantes ou de la bouse de corne : « *à la fin de l'automne on enterre de la bouse avec des cornes ; elles se mélangent dans la terre. Après l'hiver, on récupère un terreau très puissant. Quelques grammes sont suffisants par hectare.* » Les deux domaines de Pignier et Bourdy se sont regroupés pour en faire ou l'acheter.

Avant de se lancer en Bio-dynamie, une étude pédologique de chaque parcelle est nécessaire ; sont obligatoires une plantation de variétés de plants choisis sur le Domaine, un enherbement naturel et des labours mécaniques, une taille courte, des traitements et fumures à base de produits naturels (bouse de corne, silice, tisanes d'orties, de bardane ou Reine des prés), compost de fumier, vendanges manuelles, vinification des vins avec pas ou peu de SO2 sans chaptalisation ni levurage, vieillissement en fût de chêne sans intervention pour garder un équilibre naturel des vins et une mise en bouteille selon le calendrier lunaire avec bouchage en liège naturel.

Aujourd'hui, une petite demi-douzaine de vignerons est passée complètement en bio-dynamie et sont contrôlés ; d'autres sont en cours sans réaliser encore l'ensemble du cycle, et ne sont donc pas contrôlés. Près d'une vingtaine a suivi des formations d'initiation et de perfectionnement. Tous les stades existent. « *Beaucoup sont en bio... en partie. Ils y viennent peu à peu*, se félicite Jean-Étienne Pignier. » Cette façon de concevoir la viticulture n'a rien d'une mode relevant d'un artifice de communication, du moins pour la plupart même si quelques grands et excellents Domaines restent sceptiques. De fait, la bio-dynamie n'est pas une notion nouvelle, puisqu'elle s'inspire des bases posées par le philosophe autrichien Rudolf Steiner qui en élabora les fondements à travers huit conférences en direction des agriculteurs en 1924. Il expliquait : « l'agriculture bio-dynamique est une agriculture assurant la santé du sol et des plantes pour procurer une alimentation saine aux animaux et aux hommes. Elle se base sur une profonde compréhension des lois du *vivant* acquise par une vision qualitative/globale de la nature. Elle considère que la nature est actuellement tellement dégradée qu'elle n'est plus capable de se guérir elle-même et qu'il est nécessaire de redonner au sol sa vitalité féconde indispensable à la santé des plantes, des animaux et des hommes grâce à des procédés *thérapeutiques.* »

Prolongement de l'agriculture biologique, la bio-dynamie reprend la non-utilisation de molécules de synthèse dans l'application des traitements sur le vignoble ; mais elle va plus loin en cherchant à dynamiser la plante afin de l'inciter à se défendre elle-même contre les organismes pathogènes. L'objectif premier est le respect de l'équilibre de la plante et de son environnement direct, notamment la vie du sol.

La pratique de la bio-dynamie est certifiée par des labels. En l'occurrence contrôlée par l'organisme Déméter (une référence à la déesse de la Terre-Mère, de l'agriculture, de la germination, des forces productives de la Nature, protectrice du monde agricole. Sœur de Zeus, c'est une des douze divinités majeures de la mythologie grecque).

La philosophie de Rudolf Steiner n'a pas déterminé seulement la conduite de vignerons et agriculteurs en général : le sculpteur et peintre jurassien Jean Pons s'en est aussi largement inspiré.

Botrytis

Le botrytis cinerea est un champignon microscopique qui est à l'origine de ce qu'on appelle la pourriture noble. En séchant, sous son action, le raisin prend une couleur grise. Le botrytis est à l'origine de tous les grands vins liquoreux, à des proportions diverses. On peut citer, outre le vin de paille, le cas des Sauternes, vins de Touraine ou Alsace sélection grains nobles.

CIVJ

Le Comité Interprofessionnel des Vins du Jura.

Créé en 1988, le CIVJ est un organisme de concertation qui regroupe les représentants de toutes les familles professionnelles - producteurs, coopératives et négoces — autour du vignoble jurassien.

Il a un rôle moteur dans la promotion de tous les vins sous AOC produits dans le département du Jura et a pour mission le développement de la filière en mettant en œuvre tous les moyens permettant une meilleure connaissance du marché, connaissance des prescripteurs et des consommateurs et d'harmoniser les pratiques et de développer les relations entre les différents acteurs.

Les actions du CIVJ sont notamment appuyées par le Conseil Régional de Franche-Comté, le Conseil Général du Jura et la DIACT, Délégation Interministérielle à l'Aménagement et à la Compétitivité des Territoires.

Le Comité Interprofessionnel des Vins du Jura anime également la Route touristique des vins du Jura, qui vient de se voir distinguée « Destination touristique européenne d'excellence », avec la Percée du Vin Jaune.

Passerillage

Le Petit Robert ignore le mot, le Dictionnaire de la Langue Française de Paul-Émile Littré aussi. Par contre, ce dernier connaît « passerille » et le définit ainsi : tout raisin privé, par une demi-dessiccation, d'une grande partie de son eau. Passerillage en est donc une déclinaison. Littré (1866) donne en exemple : « *du passerille de belle espèce. De bons passerilles. On fait beaucoup de passerille à Frontignan./Muscat du Levant séché au soleil.* »

Avec un bon passerillage, les baies concentrent le sucre, l'acidité et une foultitude d'arômes qui feront la richesse et la beauté du vin de paille.

Société de Viticulture du Jura

Syndicat général de défense des A.O.C., la Société de Viticulture du Jura assure une liaison permanente avec l'I.N.A.O., l'ONIVINS, l'I.T.V., l'I.N.R.A. et les services administratifs.

Elle apporte également son aide par des services directs aux viticulteurs : capsules représentatives de droit, défense syndicale des AOC, vignoble expérimental.

Président : Franck VICHET — Chambre d'Agriculture — 455, rue du Colonel Casteljau — 39000 Lons le Saunier

Site : http://www.sv-jura.com

Vinification

Vinifier, ce n'est pas seulement conduire la fermentation alcoolique, mais c'est aussi extraire de la baie, la quantité optimum de substances déterminantes pour la qualité du vin, tout en limitant la diffusion dans la phase liquide des constituants pouvant, tôt ou tard, générer des défauts gustatifs ou des défauts de vinification (Dubourdieu).

En vinification des pailles, l'extraction s'effectue partiellement dans la baie de raisin, par l'action de différents enzymes propres aux cellules de la baie, le phénomène de perte d'eau, due au passerillage, ainsi que l'action de Botrytis cinerea, sur les constituants des cellules de la pellicule, lors du développement de la pourriture noble.

Avant le pressurage lent et sans brutalité, les techniciens estiment qu'un foulage serait préférable, afin de permettre un bon écoulement ultérieur du jus et permettre l'extraction du sucre des grains, en les faisant baigner momentanément dans le jus libéré.

Un nectar de patience

L'élaboration particulière du vin de paille et les arômes qu'il développe en font un vin remarquable. Ses grappes sont sélectionnées avec la plus grande attention afin de ne retenir que les plus beaux fruits. On les laisse ensuite se déshydrater plusieurs mois dans une pièce sèche et aérée.

Le Vin de Paille dispose d'une mention traditionnelle qui traduit une méthode d'élaboration très particulière. On retrouve cette mention pour les AOC Côtes-du-Jura, Arbois et l'Étoile. Le rendement de base du Vin de Paille est fixé à 20 hectolitres par hectare. Les raisins doivent sécher pendant une durée minimum de six semaines soit sur un lit de paille, dont il tire l'origine de son nom, soit sur des claies, soit suspendus afin de réaliser une sélection des plus beaux grains. L'objectif est d'obtenir une concentration naturelle des baies de raisins.

Les locaux de stockage sont aérés mais non chauffés. Entre Noël et la fin février, après pressurage des baies déshydratées regorgeant de sucre, on obtient 15 à 18 litres de moût pour 100 kg de raisins. Une fermentation lente qui s'achève naturellement donne un vin naturellement doux qui titre entre 14,5° et 17° d'alcool. Il vieillira ensuite trois années en petits tonneaux pour développer ses arômes de fruits confits, pruneau, miel, caramel, ou orange confite.

La Robe Selon la vinification, le vin de paille se pare du jaune doré intense ou de la douceur du caramel blond. Il est même parfois acajou, ou ambre mais toujours brillant et limpide.

Page de promotion du Vin de Paille par le CIVJ.

Le Bouquet le nez explose, gagné pas un arc-en-ciel d'arômes fruités. Vous y découvrirez la marmelade d'orange, de prune, de coing. Les fruits exotiques comme l'ananas et les dattes confites. Et même le thé et les épices…

En Bouche Laissez-vous emporter par la suave légèreté du vin de paille. La parfaite harmonie entre l'alcool, le sucre et l'acidité. Le palais retrouve les fruits qui avaient enchanté le nez, avec une impression de richesse et de densité.

LE COMITÉ INTERPROFESSIONNEL DES VINS DU JURA

Créé en 1988, le CIVJ regroupe en son sein les représentants de toutes les familles professionnelles : producteurs, coopératives et négoces.

C'est un organisme de concertation où les pratiques et relations professionnelles entre opérateurs sont organisées et harmonisées.

Le CIVJ a pour mission d'élaborer des statistiques pour une meilleure connaissance du marché. Le comité a par ailleurs un rôle moteur de promotion pour développer la connaissance des prescripteurs et des consommateurs sur les Vins du Jura. Il publie ainsi de nombreux documents à l'intention soit des professionnels, notamment de l'œnotourisme, soit des particuliers et touristes.

Président : Jean-Charles Tissot, Château Pécauld, 39600 Arbois

Directeur (depuis l'été 2011) : Baudoin de Chassey

Les actions du CIVJ reçoivent le concours financier du Conseil Régional de Franche-Comté, du Conseil Général du Jura, de la DIACT, France Agrimer et de l'Union Européenne.

Un brin de culture relance la pressée...

Les quatre viticulteurs d'Arlay. De gauche à droite : Jean-François Bourdy, Stéphane Cartaux-Bougaud, Alain de Laguiche et Ludwig Bindernagel lors de la pressée 2011. Cl. Bernard Girard .

Arlay, où se déroule depuis 2009 le dernier dimanche de janvier la Pressée du Vin de Paille, peut être considéré comme l'un des berceaux, sinon le berceau, de la viticulture jurassienne. C'est aussi, semble-t-il, un des lieux les plus anciennement habités de la région.

Le village est consacré à saint Vincent, diacre de Saragosse, mort en 304 dont les reliques furent rapportées à Saint-Germain-des-Prés près de Paris en 550.

Le futur saint Donat, seigneur d'Arlay, construisit dans ce village en 654, l'une des premières églises de la région, dédiée à saint

Vincent, sur les ruines du temple d'Apollon. Elle fut église mère d'Arlay mais fut démolie en 1818.

C'est Georges Tournier, le célèbre régisseur du château d'Arlay, décédé à 101 ans, qui relança le culte et les festivités en l'honneur de saint Vincent en offrant le pain bénit à la grand-messe du jour de la fête patronale, en 1949. La Confrérie des Nobles Vins du Jura et Comté participe chaque année au cérémonial.

C'est à l'initiative de l'association Brin de Culture qu'a été lancée en 2009 la Pressée du Vin de Paille qui se déroule désormais chaque année le dernier dimanche de janvier. Les vignerons d'Arlay réservent ainsi quelques cagettes de leurs vendanges respectives pour une pressée publique, point d'orgue d'une manifestation qui attire chaque fois des centaines de visiteurs pour cette célébration du Vin de Paille.

PAILLE ET PAILLÉ… D'AILLEURS

Actuellement, à part le Jura, seule la région de l'Hermitage, dans les Côtes du Rhône septentrionales, a le droit de produire du vin de paille sous cette appellation, et uniquement avec des raisins blancs d'Hermitage. La cave coopérative de Tain l'Hermitage ou la célèbre maison Chapoutier en proposent aux amateurs en flacons de 37,5 cl mais le plus souvent 50 cl. Un vin présentant globalement les mêmes caractéristiques et les mêmes méthodes d'élevage : ramassage sélectif des plus belles grappes, séchage (45 jours au moins) et passerillage durant deux mois sur paille ou cagettes bois (certains les laisseraient sécher sur pieds), deux ans de fût etc. Les rendements sont quasiment identiques, les dates de vendanges aussi, variables selon les années et le climat qu'il fait. Les vins titrent au moins 14,5 % et sont souvent plus liquoreux que leurs homologues du Jura, avec une grande richesse aromatique. Le sucre doit atteindre 325gr/litre de moût minimum (320 dans le Jura, 306 auparavant) mais affiche souvent de 340 à 390 gr/litre. Ils sont produits essentiellement à partir du cépage Marsanne, voire un peu de Roussanne, et surtout de vieilles vignes.

Ils ont été relancés surtout depuis les années quatre-vingt-dix : en fait, c'est dès 1974 sous l'impulsion de Gérard Chave, que la Cave Coopérative de Tain recommença à en produire, à titre expérimental en très petite quantité. Le renouveau date du millésime 85, mais ce n'est qu'en mars 96 que l'on peut dater la première mise en vente à la Cave. Le décret d'AOC, du 4 mars 1937, jugé trop évasif fut revu et modifié par celui du 10 août 1994.

Ce vin était devenu légendaire en disparaissant. Il est cité en 1846 lors du Congrès Vinicole de Lyon, avec éloge : « une valeur inestimable ». En 1827 déjà, le Docteur Cavaleau affirmait : « l'Ermitage paille est sans contredit le premier des vins blancs de liqueur. Dans « Ampélographie française », M. Rendu à la même époque le classait parmi les vins de luxe exceptionnels et M. Rey en 1861 dans sa Monographie Viticole du Coteau de l'Ermitage décrit « le jus qui coule gras et lentement » de couleur paille, avec la consistance du miel et contenant beaucoup de sucre qui fermente lentement. La pressée à l'époque durait une semaine. [Étude de Gambert de Loche].

Les raisins peuvent être ramassés en vendange tardive, en évitant les secousses. La paille n'est plus guère utilisée pour le séchage en raison de la plus grande charge de travail et de la condensation que cela peut provoquer : « mieux vaut absorber l'humidité par le bois de la clayette. »

Le nombre de bouteilles produites reste très faible.

Par contre, leur prix s'envole par rapport à ceux pratiqués dans le Jura…

Pendant longtemps, l'Alsace a proposé du vin de paille, si l'on en croît quelques ouvrages anciens. Elle en aurait même eu l'antériorité. Elle n'en a plus le droit. L'usage en avait disparu. Des essais ont été relancés, en se référant aux usages anciens, avec du Riesling voici quelques années ainsi que dans les années soixante avec du Sylvaner. Ils furent appelés vins paillés ou vins de passerillage, avec pour appellation commerciale pour l'un *Elixir de Sylvaner*.

Il existait en Alsace un *arbre à raisin*, tige où on accrochait les grappes pour les faire sécher. MM Boesch et Dresch estiment que le Riesling, le Gewurztraminer et Tokay (qu'il faut appeler Pinot gris maintenant) sont les meilleurs cépages pour leur *paille*.

Des vins de même tradition et d'élaboration semblable se retrouvent en Franconie (Allemagne, sous le nom de Strohwein), Autriche (notamment dans la région de Rust, au XIXe), Suisse, Luxembourg, Italie, Grèce, Chypre, Andalousie ainsi que dans la région du Cap Corse. Nous n'en dirons pas plus ici, chacun pourra retrouver des renseignements complets sur ces vins en allant sur le site *vin de paille* de dionis-vins.fr

Ce petit tour d'horizon, que l'on complétera si l'on est intéressé par une visite sur Internet, nous conduira pour conclure… en Corrèze, où se produit de longue tradition un *vin paillé*.

Plus précisément à Queyssac-les-Vignes. L'histoire légendaire place là un épisode fameux où sont concernés le bon saint Éloi et le roi Dagobert. Nous l'évoquons au chapitre historique de notre vin. Dans cette région du sud de la Corrèze, les vins paillés, liquoreux rouge ou blanc qui se boivent surtout à l'apéritif sont produits à partir de Cabernet franc et Cabernet Sauvignon pour les premiers, Chardonnay et Sauvignon pour les seconds. La pressée s'effectue à Noël et le jus reste deux ans en tonneaux. C'est vers 1820 que la technique de ce paillé, semblable à celle produisant le paille du Jura, a été fixée, après de nombreuses décennies d'essais de vinification afin d'atteindre le résultat souhaité. Un Syndicat viticole du vin paillé de Corrèze a été créé voici quelques années qui regroupe une vingtaine de petits producteurs sur une zone de production de 26 communes.

Les spécialistes notent que les petites régions où la production du vin est difficile, les récoltes pas toujours abondantes, au degré faible et au goût âpre en raison du climat ou du terrain non favorable, ont eu la tentation de conserver des grappes et de les faire sécher pour les améliorer. Ce fut le cas de l'Auvergne, et d'un certain nombre d'autres régions ou pays. Après, les techniques se sont affinées au cours des siècles, les vignerons ont appris à perfectionner la vinification, ce qui donne des résultats flatteurs. Sinon, la production a disparu ! On notera que le catalogue des vins produits au début du XIXe siècle établi par l'Anglais Cyrus Reeding montrait que le vin de paille était alors beaucoup plus répandu.

Paroles
de vignerons

AVEC CES *paroles de vignerons* que nous publions dans ce chapitre, nous n'avons bien entendu pas la prétention d'être exhaustif, ce que nous sommes les premiers à regretter, il en existe tant d'autres que nous aurions aimé écouter. Une quinzaine d'entre eux s'expriment sur une petite centaine de producteurs de vin de paille, quantitativement très dissemblables, entre les grands domaines et les tout petits producteurs.[1]

D'autant que certaines années, certains décident de ne pas faire de vin de paille, estimant la qualité de leur raisin ou la quantité de belles grappes insuffisantes, ou les raisins trop fragiles pour supporter la dessiccation, ou les conditions non réunies pour élaborer un beau produit. Car ils ont à juste titre la fierté d'élaborer et d'élever un vin d'exception et préfèrent faire l'impasse sur un millésime plutôt que de ne pas être à la hauteur de leur et de *sa* réputation.

Mais se dégagent déjà des façons de voir et de sentir, quelquefois divergentes, d'autres non, que ce soit sur la durée de vieillissement que certains trouvent trop longue et d'autres trop courte avec des positions intermédiaires qui verraient ce vieillissement se moduler en fonction des années ou des producteurs et resterait au libre jugement de ceux-ci (mais néanmoins assujetti à une commission d'agrément) ; sur le degré d'alcool obligatoire que d'aucuns aimeraient moins restrictif et qui préféreraient voir tenir compte de la qualité gustative du produit ; sans parler des recettes respectives que chacun adopte selon le terroir — ou son propre goût ou celui de sa clientèle — qui lui est propre, et qu'il pense être bien sûr le meilleur. C'est là affaire de sensibilité. Chacun assure ainsi sa « signature » personnelle

---

1. Nous vous les présentons par ordre alphabétique.

de vigneron à travers ses choix, puisque l'on sait depuis toujours que le vin rappelle le caractère de celui qui l'a fait.

Une diversité qui est une richesse indéniable, mais qui peut être aussi source de risques et qui se révèle bien une des caractéristiques majeures de la viticulture jurassienne.

Suspendu, c'est mieux

La plupart des vignerons ne suspendent plus leurs grappes destinées au vin de paille (et encore moins les couchent sur la paille) ou
alors seulement une petite
partie de leur récolte.
Beaucoup trop de travail.
Yves Blondeau à Ménétru-
le-Vignoble fait partie des
rares à poursuivre largement
cette technique. Dans son
grenier, un impressionnant
alignement sur deux rangs
de hauteur souligne son
attachement à cette
méthode qui poursuit la tradition familiale : une photo
montre, du temps de ses
parents, le plafond de la
haute cuisine entièrement
recouvert de belles grappes

pendantes ! Aujourd'hui donc, ce n'est plus dans la partie habitation
mais dans le grenier spécialement aménagé de tringles métalliques
et de crochets que s'alignent les grappes avec rigueur.

Cette suspension représente en gros les deux tiers de la récolte,
tous les rails étant occupés, le reste poursuivant sa dessiccation dans

Yves Blondeau à Ménétru-le-Vignoble

des clayettes plastiques suffisamment ajourées pour bénéficier de l'aération naturelle des lieux.

« *Suspendre donne un meilleur résultat*, affirme Yves Blondeau. *Les grains sèchent plus vite, c'est mieux ventilé. On peut comparer entre les grappes suspendues et celles en cagettes, ces dernières sont un peu moins avancées. Mais ce qui est important, c'est aussi que ce soit bien ventilé, ce qui est le cas. Et puis, si quelques grains tombent et sont perdus, la perte n'est pas très conséquente ; il suffit de faire attention au moment de l'accrochage, après ça tient. Par contre, cette année les guêpes ont fait pas mal de dégâts et se sont régalées : elles vident complètement les raisins ! C'est la première année que j'en vois autant.* » De même faut-il surveiller ces gourmands de loirs que la présence humaine n'effraie guère.

Le grand-père se consacrait à la polyculture et le vin n'était pour lui qu'une activité marginale. Aujourd'hui la récolte est importante. Alain, le père avec lequel Yves a longtemps été associé avant de reprendre le flambeau, a toujours produit du paille et en grandes

quantités, pour la vente. Au point que de 1999 à 2010, il n'a pas été réservé de raisins pour le vin de paille : les stocks étaient suffisants pour répondre à la demande! Il en reste une quarantaine d'hectos, d'avant 99 donc. « *On a recommencé l'an passé.* » Cette année, la récolte devrait atteindre la douzaine d'hectos, pour le *paille*, contre 5 à 600 hectos au total pour l'ensemble de la vendange.

« *On a 60 % de Chardonnay, 20 % de Savagnin, le reste en Poulsard et un peu de Pinot. On vend aussi de la vendange à Crançot.* » La récolte des raisins en vue du paille se fait par petites équipes de cinq à six personnes, tous des habitués compétents pour choisir les bonnes grappes, en début de vendange. « *C'est beaucoup de travail pour des quantités finalement faibles par rapport au reste de la récolte.* » Mais pour quel résultat! On est loin de certaines maisons qui mettent une vingtaine de vendangeurs pendant une semaine.

La recette de la production d'Yves Blondeau est d'associer un tiers de Poulsard à deux tiers de Chardonnay : *je garde le Savagnin pour le jaune*, sourit notre vigneron. Lequel propose aussi de la gelée de vin de paille : *ça se fait comme la confiture, et on la déguste avec le foie gras.* Fin gourmet, son épouse suggère aussi de tremper dans la gelée des morceaux de comté coupé en petits cubes *c'est délicieux*, confie-t-elle avec un sourire qui en dit long sur le plaisir qu'elle y prend.

La pressée, en cette année 2011, aura eu lieu peu avant Noël. En cette fin novembre, une bonne partie des raisins est prête à presser. L'opération s'effectue au pressoir pneumatique « *avant, au pressoir à main, c'était difficile ; il fallait la bonne quantité de grains. Si le volume était insuffisant, il y avait des problèmes.* » Ensuite, entre fermentation et vieillissement, le jus restera en tonneaux au moins 4 à 5 ans, bien au-delà des 3 ans obligatoire. Avant de se retrouver en bouteille ½ Jura « *la bouteille type paille ne me plaît pas. Sans parler des aspects pratiques compliqués, on ne voit pas la couleur chaleureuse du vin, ses reflets ambrés.* » Il propose aussi des bouteilles hautes et fines Bellissima, réservées au vin de paille « vielles vignes ». Puis ce sera la vente en direct, au caveau, ou dans les salons « *on essaye toujours de résister aux grandes surfaces…* »

Au moment de notre visite, le potentiel n'était pas loin de titrer 22 % « *après, on a des problèmes, la fermentation ne se fait pas.* » Yves Blondeau se souvient : « *en 98, c'est monté à 25/26 ; du coup c'est resté en jus pensant un an. Il a fallu ensemencer. On limite le volatil, on évite qu'il monte trop mais cette limitation est peut-être discutable.* »

Même s'il apparaît comme parmi les bons éleveurs de vin de paille, respectueux des bonnes et traditionnelles pratiques, Yves Blondeau confesse néanmoins qu'il n'est personnellement pas un grand amateur de ce vin ! « *J'en ai pourtant bien sûr ouvert une lorsque ma femme, Karine, a accouché…* » Là aussi, il convenait de respecter une belle tradition !

LE VIN COMME JADIS

Pas moins de quinze générations d'une même famille se sont succédé dans cette maison (que l'on doit prendre au sens et d'habitation et d'entreprise), qui a connu bien sûr quelques agrandissements au cours des siècles, depuis sa création avérée au XVᵉ siècle (vers 1475). Le dernier en date (pour l'habitation des hommes et du vin) remonte à 1781 sous l'égide de l'aïeul Étienne Cusin (seulement 2 changements de noms depuis l'origine, quand la transmission s'est faite par la fille aînée). Son nom et la date sont gravés sur le linteau de la porte de la cave. Une cave en partie creusée dans le rocher qui affleure toujours, empiétant dans la colline où s'adosse la maison. À l'époque, pour fêter l'événement sans doute, un lot de bouteilles de l'année avait été conservé. Est-ce de là que vient l'habitude des Bourdy de conserver chaque

année quelques centaines de bouteilles du millésime des différents cépages ? Une *manie* bien sympathique et intéressante en l'occurrence. Et qui a conduit un aréopage de spécialistes internationaux, œnologues, sommeliers (parmi lesquels les plus titrés) de déclarer lors d'un rassemblement-dégustation sous la houlette de Christophe Ménozzi, qu'ils se trouvaient devant la cave la plus exceptionnelle au monde en nombre de millésimes jusqu'aux plus anciens, que ce soit en quantité, en qualité ou en années représentées pour chaque type de vin. Une cave qui recèle 15 à 20 000 bouteilles anciennes. Les experts ont ainsi relevé la *note* qu'eux-mêmes, les Bourdy, accordaient à leur production. Il faut dire qu'ils les bichonnent, leurs bouteilles, les surveillent, changent régulièrement les bouchons et s'assurent de la bonne tenue du contenu : de fait, ils peuvent se permettre de garantir la qualité de leurs bouteilles. Si un *accident* devait arriver avec une bouteille vendue à un client, ils s'engagent à la remplacer ! Pour en revenir à 1781, il ne reste plus qu'une bouteille du lot alors mis de côté. Les autres ont été dégustées au cours de divers événements familiaux. La dernière consommée dernièrement était paraît-il tout à fait remarquable. Quant à celle qui reste, il y a grande chance qu'elle reste intacte.

Dans la cave s'alignent les tonneaux, la plupart ovales « *ils tiennent ainsi moins de place* », et fabriqués dans la région. Les plus jeunes ont au moins dix ans « *on n'aime pas* le goût de bois *; d'ailleurs la mode commence à passer semble-t-il.* »

Si les plus vieux vins, des Jaune, remontent à avant la Révolution, le plus vieux vin de paille date de 1815. Avec quelques autres vieux millésimes très anciens, il repose sous la poussière protectrice et l'ombre tutélaire de toiles d'araignées (de l'époque ?) sur des étagères derrière de superbes grilles en fer forgé soigneusement fermées à clefs. Comme un ineffable trésor à garder. Ce qu'elles sont effectivement. Peut-être aussi comme des gardiennes du temple ; un rappel permanent par leur présence de la nécessité de bonnes pratiques viticoles. Jean-François Bourdy comme son frère Jean-Philippe l'assure « *on fait les vins comme jadis* » ; et c'est pour cela qu'ils sont souvent exceptionnels ; comme ce paille 1945, parmi d'autres.

Sur ce domaine d'une dizaine d'hectares, depuis quelques années, *les* Bourdy se sont lancés dans la bio-dynamie (en 2006) selon le système Démeter, certifié en 2010. Une façon de faire dans la continuité d'une philosophie familiale où l'essentiel est le respect de la vigne, de la Nature, où l'on a toujours œuvré avec le moins d'intervention possible d'agents non-naturels. Ils sont quelques un à agir dans le même sens dans le Jura et si les rendements sont moindres, le travail plus abondant et délicat, le résultat est lui sensiblement supérieur (*cf.* au chapitre *Quelques définitions*).

Comme le recommandaient d'ailleurs la plupart des ouvrages anciens des théoriciens du vin, la maison Bourdy n'utilise pour leur *paille* que le Poulsard et le Savagnin : le premier, à hauteur d'environ 70 % apporte rondeur, complexité, douceur à l'acidité du second (30 % du mélange donc). Cela donne un vin plus ambré que beaucoup d'autres. De même, si la législation n'exige que 3 années en fût, la maison porte ce laps de temps à 8 ans ! « *On vient de mettre en bouteilles la cuvée 2002*, confie Jean-François Bourdy. *De toute façon, ce ne sont que de petites quantités et ce n'est pas là-dessus qu'on axe la commercialisation. D'autant que nous avons une grosse production à l'export (environ 70 %).* »

Dans le musée d'Armand

C'est dans un bâtiment « récent » (du xixᵉ siècle) que sèche le vin de paille (une petite partie a trouvé place dans un couloir de la maison largement ventilée), une partie suspendue sur des fils de fer, une autre dans des cagettes en bois où elle attend sa dessiccation. Une grande et haute pièce largement aérée, à l'étage, où ni loirs ni oiseaux ne semblent avoir trouvé l'entrée… Quelques grains ou grappes sont tombés à terre. Ils seront éliminés tout comme les grains ayant développé de mauvaises moisissures, en particulier en raison des attaques pernicieuses des drosophiles, de minuscules moucherons qui ne sont pas appelés pour rien « mouches du vinaigre » et que seul le froid semble capable de faire disparaître.

Ce bâtiment est aussi « le musée d'Armand ». On y voit de vieux outils agricoles et viticoles, une originale machine à poser les bouchons etc.

Quelques mots sur Armand, dont on voit le portrait, avec sa hotte au milieu des vignes sur toutes les étiquettes maison. C'était un ancien ouvrier agricole, né en 1880. Sa mère, malade et se sachant perdue l'avait amené tout jeune au grand-père de la génération actuelle pour qu'il s'en occupe. Il avait ainsi été élevé avec la famille. Travailleur, dévoué, il était très attaché à sa terre. En 1944, alors qu'il travaillait à la vigne, des résistants « s'amusèrent » à tirer des coups de fusils dans sa direction. Il mourut sur le champ d'une crise cardiaque. Il reste une image tutélaire.

« À se taper le cul par terre... »

« *Jadis, y compris mon père, on ne commercialisait pas vraiment le vin de paille*, souligne Jean-François Bourdy. *C'était une consommation familiale et amicale. Le vin des relevailles et des malades, reconstituant. J'ai déjà vu, ou entendu dire, qu'avec des amis en une soirée, mon père avait bu un petit quartaut (un petit tonneau de 25 litres) de vin de paille. C'était vraiment le vin de l'amitié, pas celui que l'on vendait.* »

Seulement quelques centaines de bouteilles de 37,5 cl étaient produites, mises de côté au fur et à mesure, pour les occasions de convivialité.

Ces bouteilles, gardées dans les caves enterrées à températures égales et au calme évoluent comme les autres vins, se bonifient. « *Les vins de paille aussi gagnent en concentration, se complexifient, les arômes se fondent dans une harmonie où apparaissent peu à peu et se dégagent de nouveaux parfums. Un vin est vivant, il s'améliore sans cesse... puis tombe brutalement sans espoir de revivre. Mais pour les « paille » cela demande beaucoup de temps.* »

Les Bourdy, qui ont eu l'honneur d'avoir plusieurs pages dans le célèbre manga « Les gouttes de Dieu » au côté des vins les plus prestigieux (plus de 40 volumes dont seulement la moitié actuellement traduits en français) attachent beaucoup d'attention non seulement à la production mais aussi à la conservation de leurs vins. Normal quand on se spécialise dans les lignées de vieux millésimes. Ainsi renouvellent-ils régulièrement les bouchons. Mais c'est en même temps l'occasion et le plaisir de déguster ces vieux millésimes afin de constater leur évolution et leur bonne tenue… « *Pour certains, c'était à se taper le cul par terre*, s'émerveille encore Jean-François Bourdy ! *Ils touchent au sublime, se complexifient d'une façon incroyable, parfois inattendue ; laissent entrevoir une richesse merveilleuse d'arômes.* » De grands crus du XIXe siècle s'améliorent toujours.

La façon de travailler n'est bien sûr pas étrangère à cet état de fait. Légalement, pour la pressée et pour avoir l'appellation, il faut un minimum de 320 g de sucre/litre. Restant parmi les derniers à effectuer cette pressée, les raisins de Bourdy montent à environ 350 g/l voire plus. Pour autant, grâce au Savagnin est évité le côté trop sirupeux qui pourrait devenir désagréable car trop pâteux. Le rendement est faible, puisque 10 litres de paille nécessitent 100 kg de raisins, très *dessiqués,* soit encore moins que la moyenne habituelle. C'est un choix. La production est donc modeste, qui plus est le passage en fût beaucoup plus long qu'il n'est requis ce qui explique un prix de vente élevé… Mais avec une satisfaction, un vin confectionné et élevé comme jadis et présentant un goût proche de ceux-ci.

LE PREMIER VIN DE PAILLE

Héritier du château de Quintigny, qu'il exploitait avec sa sœur il y a encore quelques années après avoir succédé aux parents, Stéphane Cartaux-Bougaud est aujourd'hui installé à Arlay au hameau de Juhans dans une maison vigneronne du XVIᵉ siècle achetée en 1999. Sa sœur a arrêté le métier.

Et c'est dans une véritable aventure qu'il s'est lancé : la production de vin de paille, qui ne figurait pas encore à sa gamme. C'est en 2008 qu'il a franchi le pas. « *Cela me titillait depuis un certain temps. J'ai eu envie plusieurs fois, je repoussais l'échéance. C'est un produit intéressant, qui nous manquait.* » En fait, ses parents avaient déjà effectué des essais jadis. Mais ils n'avaient pas été concluants « *ils avaient été refroidis.* »

Le grand saut a donc été franchi en 2008 avec la première récolte. Elle vient d'être mise en bouteille et se déguste aujourd'hui, le délai

STÉPHANE CARTAUX-BOUGAUD, ARLAY

de trois ans étant révolu. La recette est des plus classiques avec des proportions équilibrées entre Poulsard, Chardonnay et Savagnin ; toutefois, une des dernières années, il fallut remplacer le Poulsard par du Trousseau en raison de la faiblesse de la récolte du premier. *On est limité par la proportion de Poulsard.* Les vignes, d'une quinzaine d'hectares, se retrouvent sur Quintigny, Ruffey, Arlay, L'Étoile (50 %).

La première année, 6 hectos ont été produits ; 6 autres en 2009 et seulement 4 hectos en 2010.

Mais sur les trois, en apparence, aucun millésime n'est pareil.

« Il faut un pressurage équilibré ; le plus délicat est le séchage, puis la fermentation. Il faut prolonger au maximum. Mais on ne maîtrise pas tout, le vin est un produit vivant ! »

Ce premier vin réalisé, finalisé, était bien sûr attendu avec anxiété. Mis en bouteille Bellissima longue et fine, il se révèle équilibré, élégant. Stéphane Cartaux-Bougaud, garçon taiseux mais très sympathique et accueillant peut à juste titre avoir le sourire.

Cueillies à la main comme il se doit, rapportées par petits seaux, les grappes sont mises à sécher sur des claies installées au grenier dont les ouvertures sont protégées par des grillages.

Les tonneaux sont installés là où jadis on trouvait quatre grands foudres. On gagne ce grenier par une échelle de meunier et l'on passe les tonneaux par les ouvertures. Les conditions d'élevage apparaissent favorables.

De toute évidence, Stéphane Cartaux-Bougaud a eu raison de répondre à son envie d'élargir sa gamme et de se lancer dans le vin de paille. Les premiers pas sont prometteurs. Un « petit jeune » qui a tout pour devenir un grand s'il garde son même degré d'exigence.

Un produit phare de la viticulture jurassienne

Quand on porte le patronyme de Clavelin, il est difficile d'échapper à son destin de vigneron !

À la tête du Domaine Hubert Clavelin au Vernois, Patrick et Christian ont donc succédé à leur père Hubert — toujours bien présent malgré tout, riche de conseils avisés et d'expérience. La transmission s'est assurée pour le meilleur avenir, celui de la pérennité du Domaine où arrive la 5ᵉ génération, Romain, entré dans l'affaire depuis la fin de l'été 2011. Où il fera ses classes de viticulteur auprès de son père Patrick et de son oncle.

Longtemps grand spécialiste du Crémant, sans oublier d'excellents millésimes de vin jaune, le Domaine a toujours élaboré du vin de paille « *toutes les générations en ont fait,* se souvient Patrick. *Mais à partir de 1970, nous sommes passés d'une fabrication familiale à une produc-*

tion commerciale. » Aujourd'hui, l'excellence est dans tous les domaines. « *Les vieilles vignes sont favorables à la récolte de paille et tout particulièrement celles sur marnes bleues.* »

Le Domaine représente 28 hectares, avec des vignes au Vernois, Voiteur, Bréry, Domblans, Ménetru et bientôt Mantry.

Ici les cépages blancs sont les principaux composants de la recette du vin de paille : en général, il se compose de 50 % de Chardonnay, 35 % de Savagnin et de 15 % de Poulsard… « *mais certaines années propices, il nous est arrivé de faire du* paille *avec 80 % de Poulsard !* » Ce fut ainsi le cas en 2000 « *nous avions récolté un très beau Poulsard ; il a fallu vaincre quelques réticences, mais à l'arrivée, j'ai retrouvé un paille de type ancien, superbe, comme celui que faisait mon grand-père et dont j'avais gardé le souvenir et la nostalgie. Et ce vin a obtenu la médaille d'or !* » confie Patrick avec un grand sourire heureux. Cela ne peut pas hélas se reproduire chaque année « *le Poulsard est fragile.* »

Comme dans bien des propriétés, le séchage s'effectue de façon traditionnelle en cagettes bois dans des greniers secs et bien ventilés. Ensuite, la commercialisation sera envisagée après les trois années de vieillissement réglementaires, mais souvent quatre à six mois supplémentaires sont octroyés pour parfaire la finition. Sur le sujet, Patrick Clavelin pense que trois années c'est bien assez… le plus souvent. Mais pour certains, ou dans certains cas et conditions difficiles, ces trois ans permettent de rattraper une finition délicate et arrangent le produit, le remettent à niveau. Niveau de sucrosité, titre d'alcool (fixé à 14 % car l'alcool bloque la fermentation et moins élevé cela risquerait de ne plus être aussi stable) sur ces sujets qui agitent les producteurs de vin de paille, Patrick pense que c'est un bon compromis qui a été adopté avec le dernier décret… mais qu'un peu de souplesse devrait pouvoir être possible.

Quand arrive la vendange, « *maintenant on préfère récolter tôt et presser tard. Ce qu'on perd en gain de degré d'alcool à la récolte, on le retrouve à la pressée tardive. C'est François Mossu, le* pape du vin de paille *qui me l'a expliqué et je m'en trouve bien.* »

Ici, on utilise des levures indigènes pour la fermentation et les tonneaux de vieillissement sont régulièrement ouillés. Ils reposent dans une superbe cave où se maintient une température idéale favorable à la fermentation.

La mise en bouteille est réalisée en demi-bouteille de type *Jura*, la forme de type *paille* retrouvée sur un modèle du XIXe siècle et adoptée par certains pour ne pas dire prônée par les instances ne convenant guère : « *la mise en bouteille et l'étiquetage sont beaucoup plus complexes. Sans compter le stockage.* »

C'est ainsi que 20 à 30 hl sont produits selon les années, sur une production totale de la propriété de 1 500 hl.

Patrick, pour sa part, grand connaisseur et amateur de vins de toute la France et du monde, l'apprécie en apéritif bien frais (6°) avec des toasts de bleu du Jura nappé de miel de sapin ; mais il ne le dédaigne pas en entrée avec le foie gras. Il est moins fan, par contre, de la « version » vin de dessert avec lequel certains l'accompagnent, notamment avec des gâteaux chocolat-orange.

En guise de profession de foi pour ce passionné, Patrick conclut « *pour moi, une bonne maison de vin dans le Jura est une maison qui produit du bon vin de paille et du bon vin jaune. Ce sont nos deux produits phares.* »

La passion intacte

Le vaste grenier qui fut jadis grenier à foin et où l'on accède par un escalier en bois dont l'état des marches témoigne de très nom-breuses générations, le grenier voit son sol recouvert d'une épaisse couche de paille. Est-ce ainsi que Bernard Clerc fait sécher son raisin pour le vin de paille ? « *On pourrait, mais ça prendrait un sacré bout de temps !* » Comme beaucoup, notre vigneron laisse donc les grappes reposer dans des cagettes en bois dans ce lieu sec, de grande hauteur et bien aéré où leur maturation s'exécute lentement

et naturellement. Ceinturant les cagettes du bas, un filet empêche d'éventuels rongeurs gourmands de faire bombance. Armé d'une lampe électrique, en cette mi-novembre, Bernard Clerc inspecte les

BERNARD CLERC À MANTRY

grains ; et constate avec satisfaction que tout se déroule normalement, que les grains sont beaux, que le passerillage est en bonne voie, sans mauvaise pourriture. Un large sourire éclaire le visage de ce passionné de vins, par ailleurs membre éminent de la Commanderie des Nobles Vins du Jura et Comté. Il goûte quelques grains « *on ne presse pas encore ; quelques semaines de plus donneront un résultat encore meilleur.* » Tout dépend des années « *en 2003 on a pressé en octobre !* »

Cette pressée, il ne l'effectue pas lui-même, mais la conduit chez son ami Joël Boilley, installé non loin à Montchauvrot, grand spécialiste et passionné du *paille*. « *Il en fait 50 à 60 hectos par an. Il a sa sécherie dans un lieu très vaste bien aéré avec une ventilation naturelle complétée par des ventilateurs, les cagettes étant toutes installées autour de ceux-ci. Je lui ai souvent porté du raisin car le résultat est vraiment bon. Mais cette année, il n'avait pas de place.* »

À 74 ans, Bernard Clerc est retraité, mais toujours vigoureux et plein d'énergie, comme de passion. Comme tout retraité viticole, il a le droit de conserver quelques « arpents » de vigne. En l'occurrence, 36 ares essentiellement du Savagnin pour du vin typé, du macvin et du vin de paille. Le reste, 3 ha sont loués à un jeune récemment installé qui fut stagiaire chez lui. Son épouse a aussi droit à quelques ares.

D'une année sur l'autre, la recette de Bernard Clerc ne bouge guère : trois quarts de Savagnin ramassé bien en sucre pour supporter le vieillissement sans problème, un peu de Chardonnay (très peu) et le reste de Poulsard.

Le séchage se fait donc en cagettes de bois « *suspendu sur fil de fer c'est bien, un des meilleurs séchages, mais les grains peuvent tomber, c'est ennuyeux. Certains coupent avec les rameaux aussi, ça sèche mieux, il y a moins de pourriture. Mais ce qu'il faut, c'est éviter de rentrer les grappes humides.* »

Bon an mal an, désormais, ce sont deux feuillettes de *paille* qui sont élevés chaque année. Environ 700 kg de raisins ont également été livrés cette année à la Compagnie des Grands Vins du Jura à Crançot. Le vin reste en principe plus longtemps que les trois ans minimum imposés, pour acquérir une belle couleur ambrée très prononcée, malgré la faible teneur en Poulsard. En regardant quelques vieilles bouteilles, dont l'une âgée de plus de 25 ans repose dans un berceau de bois orné de deux ailes de bécasse naturalisées (notre Bernard Clerc est grand chasseur de bécasse) on constate des reflets magnifiques à la lumière, d'un ambre chatoyant comme un vieux cognac. L'explication tient peut-être dans le fait que le vieillissement s'effectue dans de vieux tonneaux qui ont contenu du marc…

Les lieux de vieillissement aussi sont remarquables : à côté du caveau où sont accueillis les clients, une vaste et belle cave voûtée très haute, bien aérée et saine. De quoi susciter l'admiration des personnes qu'il reçoit dans le cadre de l'œnotourisme, en relation avec une association de camping-caristes dont il accueille les membres.

« *C'est pas facile, un vin de paille. Il se fait tout seul, jusqu'à l'équilibre. Il n'y a rien de plus naturel, il faut laisser faire, ne pas intervenir, sans rien rajouter pour rectifier, c'est interdit. C'est compliqué, complexe. Du coup, c'est différent d'une année à l'autre. Quand c'est trop sucré, trop liquoreux, le volatil monte. Normalement, à partir d'1 g de volatil, le vin n'est plus buvable, c'est du vinaigre. Eh bien, avec le vin de paille à 1,20 g c'est buvable quand même : c'est le seul vin dans ce cas !* »

Les bouteilles sont toutes de type demi-Jura. La famille a toujours produit du paille, avec une belle personnalité ; mais comme chez tous les vignerons, à destination familiale *pour les jours de fêtes… et pour les malades*, dit-il en souriant. Et comme partout, c'est dans les années quatre-vingt que la production en vue de la commercialisation a démarré. Si l'arrière grand-père était instituteur (mais d'une famille de laboureur), le grand-père a fait retour à la vigne et depuis 1929 la famille est installée dans la maison et exploite les vignes dont il était régisseur et qui fut alors acquise, le propriétaire n'ayant pas de descendance après la mort de son fils tué à la guerre. Mais ce qui est étonnant et suscite l'attention des historiens du vignoble, c'est que depuis 1904, sans interruption, fut tenu un *journalier* où étaient notés les activités au jour le jour, les comptes, les achats, les paies des ouvriers agricoles etc. Tout se qui se passait à la maison ou à l'extérieur. Une mine d'informations.

Tout est dans le séchage

Dans cette superbe vallée de la Seille encore empreinte, imprégnée de la mémoire celtique (n'oublions pas que les Celtes inventèrent le tonneau…) il est difficile d'ignorer la maison Courbet. Ce serait d'autant plus dommage que l'accueil y est toujours chaleureux. Qui plus est, Jean-Marie fut président de la Société de Viticulture du Jura[1], passionné et engagé naturellement. Défendant les productions avec conviction.

1. Ses responsabilités professionnelles ont conduit Jean-Marie Courbet à s'inquiéter des autres vins se réclamant « de paille ». Ainsi a-t-il toujours défendu avec vigueur les spécificités jurassiennes, n'hésitant pas à aller à la rencontre des autres régions, essayant de convaincre les collègues de Corrèze, d'Alsace ou d'ailleurs à ne pas utiliser non plus le terme de *paillé*… tout en reconnaissant une réelle et certaine antériorité de cette concurrence. Mais surtout, « *il faut défendre les spécificités, ne pas faire n'importe quoi.* »

DAMIEN ET JEAN-MARIE COURBET À NEVY SUR SEILLE

Aujourd'hui, celui qui représentait la troisième génération de vigne-rons et la transition de la polyculture à la viticulture vient de passer la main à son fils Damien ; mais reste très présent pour l'épauler.

« *On a toujours fait du paille, comme du macvin ou du jaune. On a de bonnes vignes pour cela, de vieilles vignes, avec des grains pas trop serrés. Pour le paille, l'idéal pour moi c'est ⅓ de chaque, Poulsard, Chardonnay, Savagnin. Mais en fait, cela dépend des années. Quelquefois, on monte à 50 % de Chardonnay ; d'autant qu'il peut y avoir des problèmes avec le Poulsard qui est fragile.* » Il y eut aussi, voici deux décennies, des paille avec 50 % de Poulsard précisément dont les critiques célébraient avec ravissement « *une robe ambrée, un nez de fruit confit avec des accents de miel.* »

Le ramassage se fait au seau et le raisin est ensuite disposé sur de grandes claies grillagées empilées espacées les unes sur les autres dans une vaste pièce où l'on se faufile plus ou moins difficilement mais qui est surtout idéalement ventilée. « *Tout est dans le séchage*, confie Jean-Marie. *On a toujours eu un beau local pour le vin de paille. Ici, on a une fenêtre grillagée côté nord, et on ventile à froid, selon les besoins, côté sud. En fait, on ventile tant que le pédoncule n'est pas sec ; après ce n'est pas utile, on laisse faire totalement la nature. Cette année, l'au-tomne a été doux et il y a eu invasion de drosophiles, comme partout ou presque. On a donc ventilé plus longtemps.* » Si la « *pièce actuelle va bien* », Jean-Marie Courbet se dit que s'il avait construit une maison et prévu un grenier pour le *paille*, il aurait conçu un long couloir nord-sud avec ouverture à chaque extrémité pour une ventilation idéale. « *Il faut compter trois quarts de courant d'air et le reste de ven-tilo. Tout dépend aussi de la température ; quelquefois c'est froid, cette année c'était doux.* »

Ici, on n'a jamais pendu le raisin, ni posé sur de la paille « *il faut une paille totalement sèche ; si c'est humide, ça peut moisir ; c'est une source de problèmes. On a toujours utilisé des claies à grillages, qui fonctionnent comme de grands tiroirs que l'on tire.* » Il faut trois à quatre jours pour rentrer la vendange du paille « *souvent en même temps que le crémant.* » Le plus gros travail « *c'est de le cueillir et de l'étaler ; ensuite il n'y a plus qu'à surveiller, voir son évolution.* » Laquelle se passe bien, sans mauvaises moisissures le raisin se sentant manifestement à son aise dans ces lieux…

Un deuxième grenier mitoyen, tout aussi favorable car bien aéré et aux ouvertures protégées par des grillages, serait lui aussi à même d'accueillir un supplément de vendanges. Mais la qualité ne sera jamais sacrifiée à la quantité.

Cette année (2011), la pressée est prévue vers le 15/20 décembre. Généralement, elle s'effectue entre Noël et Jour de l'An. Entre 12 et 15 hectos sont espérés. « *C'est très variable, tout dépend des années. C'est souvent de 10 à 12 hectos, sur une vendange de 300 à 350 hectos au total.* »

Le vieillissement s'effectuera en pièces de 228 litres pendant 3 ans « *on ne peut guère laisser plus longtemps, en raison de la demande.* » Quelques lots de toutes les années seront néanmoins conservés.

Notre vigneron le reconnaît « *le paille marche bien, comme tous les vins spécifiques ; on a une bonne clientèle de particuliers.* » Le vin de paille est proposé en bouteille haute et élancée, la Bellissima, qui s'accorde bien à l'étiquette d'une grande et belle sobriété « *on a abandonné la bouteille* paille*, il y avait des problèmes.* »

Le cadre de l'ancienne chapelle romane restaurée se révèle à la hauteur de la noblesse du produit et incite au recueillement…

Séchage sur paille

Après avoir démarré avec son père, Alain, Julien Labet vole maintenant de ses propres ailes. Il représente la quatrième génération de vignerons. Dans ce domaine de Rotalier les deux entités restent malgré tout étroitement proches l'une de l'autre et s'épaulent mutuellement. Toutefois, chacun fait ses propres cuvées. Avant de revenir aux racines, Julien a effectué des stages en Afrique du Sud et en Australie.

Le caveau familial où Julien nous reçoit est superbement décoré : fûts anciens (mais toujours en activité !) ronds ou ovales, pressoir en pierre, vieux outils, fossiles, coings mûrissant et parfumant, comme un clin d'œil à certains arômes, vieilles bouteilles et noble poussière dans un panier métallique, terres en pot de verre, raisins macérant etc. l'ambiance est tout de suite chaude et accueillante. Alain Labet se souvient avoir relancé la production de vin de paille avec la récolte de 1979. « *Avant, mes parents en avaient fait, mais ce n'était pas commercialisé ; seulement pour la famille. Puis on avait arrêté.* » C'est donc reparti dans l'idée de vin cadeau au tournant des années quatre-vingt.

Aujourd'hui, bon an mal an, Julien en produit à peu près l'équivalent de 5 % de sa production : environ 1 000 bouteilles (de 37,5 cl) sur 10 000. Encore que celle-ci n'obtient plus l'agrément et donc le droit à l'appellation vin de paille. En cause, un degré alcoolique insuffisant puisque n'atteignant pas les 14° indispensables à l'obtention du précieux label. Aussi les vins réalisés « comme… » arborent-ils l'étiquette « **La paille perdue**, liquoreux issu de raisins séchés sur paille. » Un comble quand on constate que Julien Labet est un des rares vignerons à effectivement faire sécher tous ses raisins sur un lit de paille ! Et encore cette dénomination, il lui est fortement conseillé, dans un rappel à l'ordre, d'en changer rapidement…[1]

Reprenons depuis le début.

Ces vins « séchés sur paille » contiennent de 5 à 10 % de Poulsard (un pourcentage sensiblement inférieur à ce qui souvent pratiqué), le reste se partageant entre Savagnin et Chardonnay, le pourcentage évoluant selon les années avec plus de l'un ou de l'autre en fonction de leur état sanitaire respectif.

Les grappes sont ramassées en début de vendange, dans les vieilles vignes : « *les raisins y sont plus concentrés à la fois en sucré et en acidité qui avec la minéralité équilibre l'ensemble.* » Étendues sur un lit de paille bio achetée du côté de Poligny et disposée dans des cagettes, les grappes effectueront un long séchage (le pressurage n'aura lieu qu'en mars/avril) dans le vaste grenier où l'on accède par une rustique échelle en bois. « *C'est un ancien grenier à foin reconverti, avec un plancher amovible où l'on pouvait monter directement le char à foin*

---

1. En 2004 le Domaine André et Mireille Tissot (Bénédicte et Stéphane) à Montigny-lès-Arsures s'est trouvé dans la même situation avec un vin appelé *Spirale*, vin passerillé sur paille. Ils font partie des rares à faire sécher intégralement sur paille, durant cinq mois. Mais n'arrivait pas à faire monter le degré. Ce qui n'exclut pas de proposer un très beau vin qui fut d'ailleurs célébré dans la presse.

grâce à un astucieux système de poulies, et décharger ainsi aussitôt dans le grenier ! » Aujourd'hui, des dizaines de cagettes couvrent le plancher. Les grappes des différents cépages y sont déjà mélangées, comme plus tard dans le pressoir, mais à différents stades de maturation. Les grains montrent plusieurs états d'avancement dans le passerillage : ici un début de dessiccation avec la concentration du jus, à côté le grain devient marron et cet état donnera la complexité aromatique au vin, puis complètement botrytisé (pourriture noble donnant une couleur caractéristique due à un champignon microscopique, le botrytis cinerea « l'essence des grands vins liquoreux »). Par contre, comme il se doit, les raisins atteints par des moisissures sont éliminés.

Julien tient aussi à souligner l'importance du volatil « *il équilibre le sucre lui aussi ; pour les paille, la quantité est le double des autres vins. Quand il y en a peu, on ne va pas bien loin. Le volatil porte les arômes, comme l'alcool.* »

Après la pressée, qui dure trois jours au pressoir pneumatique (avec pression à deux bars « *il faut laisser tant que ça goutte, peu à peu, comme le miel; faut pas être pressé* ») le jus est mis en tonneau pendant 3 ans en cave chaude (18/20° l'été, 14° l'hiver). Ainsi, confie Julien, les levures travaillent dans de bonnes conditions « *et après, ça ne repart pas en fermentation, tout est stable* »; pas (ou peu) de soufre, pas d'utilisation de filtre stérile. Les tonneaux sont généralement ouillés tous les mois/mois et demi.

Alors, quel est le problème? Il faut se souvenir que pour avoir l'agrément, le titre alcoolique potentiel à la pressée doit atteindre au moins les 19 % pour donner un titre alcoolique acquis de 14 %. Or, les vins de paille de Julien Labet ces dernières années n'affichent un taux d'alcool acquis qu'entre 10 et 11°. « *J'assume le fait; mais depuis le 2005, on n'atteint pas le degré impératif d'où le nom de 'paille perdue'. C'est dommage. Nous sommes beaucoup dans le même cas.* » Si Julien reconnaît que le degré a déjà vu son seuil abaissé, il souhaiterait qu'il le soit encore plus « *on ne perdrait pas, au contraire; du coup, il y a de grands vins qui n'ont pas l'appellation et c'est dommage.* » Et de citer l'un de ses confrères dont le 2 000 n'a pas eu l'agrément « *c'est pourtant l'un des plus beaux vins de paille que j'ai bu.* »

À l'origine du problème, apparemment, les levures ont du mal à fermenter en raison de la trop grande concentration de sucre. Cela vient du fait aussi que notre vigneron travaille avec des levures indigènes qui résistent peu à l'alcool et se trouvent donc inhibées par l'alcool produit. Du coup, le taux d'alcool n'augmente plus!

Sans parler d'analyse approfondie, un petit tour d'horizon de différents millésimes permet d'approcher la diversité des produits qu'ils soient ou non de *vrais pailles*. Certains ont été ouillés, d'autres non; certains pressés fin février d'autres mi-mars; certains ont connu de beaux étés, d'autres une saison pluvieuse; peu de Poulsard ici (5 %) plus là (15 %), idem pour le Savagnin, de 15 % à 40 %; de jaune paille à une couleur ambrée sans que semble jouer le pourcentage de Poulsard mais plutôt l'oxydation; d'un 14,5 % à un seulement 10,5 %; des saveurs de morilles sèches, de citron, de pain d'épices, des goûts safranés (une nuance aromatique sans doute apportée par la paille dont le rôle n'est pas qu'assainir), de curry… autant de diversité entre des vins de 1994 et de 2006 avec des intermédiaires et tous très agréables. Et encore une question « *le sucre diminue au fil des ans ; où passe-t-il ? Comment se dégrade-t-il ? Pourtant, il n'y a plus de fermentation…* »

Alors, quel avenir pour ce *paille* et sous quel nom ? En cet automne 2011, il y a plus de questions que de réponses…

Une fabuleuse palette

Huit bouteilles de 37,5 cl s'alignent avec rigueur, chacune encadrée de deux verres. Alain de Laguiche les débouche l'une après l'autre avec douceur. Précis, méticuleux, attentionné, le regard et l'odorat attentifs, il remplit chaque verre de quelques traits de sa bouteille tutélaire. Soigneusement alignés, les huit verres témoignent d'une remarquable « verticale » : de 1999 à 2006 – même si le 2 000 n'avait curieusement pas obtenu le précieux sésame de l'appellation malgré une qualité gustative exceptionnelle.

Un alignement qui souligne une évidence : même si la recette est bien sûr identique d'une année à l'autre, aucun n'est pareil. Huit vins, huit nuances de couleurs et de chauds reflets ambrés ou de jaune doré de belle intensité, miroirs de conditions météo différentes rencontrées par la vigne, mais aussi du climat pendant la période de séchage, de l'évolution en fûts et en bouteilles, chacun ayant sa personnalité. Dans ce garde-à-vous impeccable se retrouve la fabuleuse palette chromatique des *paille* du château, mais aussi différents niveaux de sucrosité que l'on retrouve au fur et à mesure de la dégustation. Certains affichent des couleurs de Montbazillac, tandis que le 2 000 tire sur des reflets cuivrés.

Aussi des notes de coings, de fruits confits, de céleri, de miel, de champignons voire de tabac etc. des merveilles aromatiques se détachent. Les nez sont différents d'un vin à l'autre. Les bouteilles de plus longue garde étant celles à plus haute teneur en sucre.

Alain de Laguiche qui a succédé à son père Renaud à la tête du domaine, suit les recettes classiques… à peu de chose près : ⅓ Savagnin, ⅓ Chardonnay, ⅙ Poulsard, ⅙ Trousseau ces deux derniers cépages se compensent en quantité en cas de problème de l'un ou de l'autre. Il n'y a pas *a priori* de vignes particulièrement attribuées au *paille*. Tout dépend des conditions et des évolutions d'une année à l'autre.

Le séchage s'effectue à Proby[1], un lieu-dit à quelques encablures du château où se trouvent les cuves, le matériel, dans de vastes bâtiments. Dans un coin, le petit pressoir ancien qui sera ressorti au moment de pressurage. Nous nous y rendons le 25 octobre « *je n'ai pas revu les grappes depuis la récolte, nous confie le maître des lieux. La fabrication du vin de paille est quelque chose de difficile, de délicat pour atteindre la perfection qu'il mérite ; ici on n'aime pas faire du sirop, et on ne s'inquiète pas d'un certain niveau d'acidité volatile* »

Et pour aller le visiter, du moins les grappes en cours de dessiccation, il faut effectivement le mériter puisque l'on atteint le vaste grenier bien aéré et à bonne hauteur uniquement à l'aide d'une longue échelle, ou d'un élévateur !

---

1. Le hameau tire son nom du *Castellum probi*, résidence de l'empereur romain Probus qui en 280 promulgua un édit autorisant les Séquanes à replanter des vignes autrefois arrachées sur ordre de Domitien au profit des céréales devant nourrir les légions romaines. Il fut trouvé à Proby une cave romaine.

Alain de Laguiche surveille l'évolution du Paille 2010, un essai de vinification séparée en blanc et en rouge.

Alain de Laguiche inspecte les raisins et les grappes posés sur les claies. L'évolution lui semble bonne, intéressante. « *On ne met jamais de grappes abîmées ; il faut trier les grains si on note une moisissure.* » Il souligne ce qui est le vrai paradoxe du *paille*, le plus fascinant, qu'expriment tous ceux qui s'attachent à élever ce vin « *le vin de paille est simple… mais complexe. On n'intervient pas dessus, il évolue en suivant sa nature et de cette simplicité se dégage une grande complexité avec des arômes d'une richesse incroyable.* » Les vieilles vignes y contribuent largement apportant les conditions d'une concentration merveilleuse, ne produisant que 12 litres de vin pour 100 kg de raisins récoltés.

Le vieillissement pour sa part s'effectue dans les caves du château du XVIIIᵉ siècle. De superbes caves voûtées où l'on passe devant deux rangées de fûts ventrus avant d'arriver aux pièces où vieillit au calme durant quatre ans le vin de paille. Là encore, Alain de Laguiche inspecte le contenu des tonneaux, hume, satisfait, les arômes qui s'en exhalent. À l'essai, une fabrication séparée de vins de paille rouge et de blanc. Un résultat qui devrait se révéler intéressant pour comprendre l'apport de chaque raisin dans le vin final.

Contrairement à d'autres venus depuis peu à cette production, la famille de Laguiche ne s'est pas lancée dans le *paille* récemment : « *Nous avons toujours fait du vin de paille. J'ai retrouvé dans les archives du Domaine une quittance de 1775 qui prouve qu'il s'en faisait déjà !*[2] *Même les années difficiles nous avons toujours produit un millésime. Même peu. On les retrouve dans les caves du château où ils sont tous* « *archivés* », comme le 1991, l'année du terrible gel. Bien sûr, jadis, comme pour tous les autres, c'était une démarche personnelle. Pas toujours dans un but de commercialisation.

Selon les années, c'est de 1000 à 2000 demi-bouteilles, cirées et numérotées, de type *demi-normande haute* qui sont produites. Une forme toujours préférée car rappelant l'épaulement du vin jaune, de forme traditionnelle. Les bouteilles sont toujours cirées.

Le Château n'exporte pas moins de 20 % de sa production : USA, Suède, Estonie, Suisse, Allemagne, Tchéquie, Kazakhstan, GB, Irlande, Belgique, Luxembourg, Espagne, Italie, Île Maurice, Seychelles, Maldives, Macao, Japon, Russie, Brésil etc.

---

2. Si de l'antique château médiéval il ne reste qu'une partie des fortifications, il faut souligner que ce domaine seigneurial est resté dans la même famille depuis le XIIe siècle ! C'était alors une place forte des Habsbourg, puis sous la suzeraineté des Princes d'Orange etc. En 1165, l'empereur romain germanique Frédéric Barberousse, comte de Bourgogne (depuis 1157), éleva le château d'Arlay au rang de première baronnie du comté et ceignit son pourtour de vignes. On en profite toujours aujourd'hui.

Plus ancien château des « châteaux-vignobles » de France, il fut tour à tour vigne royale d'Espagne au XVIe siècle, d'Angleterre au XVIIe et de France au XVIIIe. En 1936, il aurait pu prétendre à sa propre AOC nous rappelle Jean-Pierre Pidoux dans son ouvrage « Découvrir les vins du Jura » (Éd. Cabédita).

Aujourd'hui, la colline est dominée par le château édifié au XVIIIe siècle à l'initiative de la comtesse de Lauragais. La famille de Laguiche est apparentée au marquis de Laguiche de Montrachet, aux de Vogüé de Champagne et de Chambolle-Musigny ainsi qu'aux Ladoucette de Pouilly-Fumé.

Mais s'il fallait retracer l'histoire du château et de la famille, un très gros ouvrage n'y suffirait pas tant elle est riche et passionnante !

On ne peut toutefois passer sous silence le rôle de Georges Tournier. Mort à 101 ans, celui-ci était arrivé au château en 1911 pour gérer des forêts. Il y resta jusqu'à son décès. La viticulture jurassienne lui doit beaucoup avec notamment la création des analyses. Il présida la Société de viticulture durant plusieurs décennies, agrandit le domaine, œuvra toujours pour la rigueur et l'élévation de la qualité. Il notait que les vignes du domaine ont une exposition idéale sud-est comme celles du Clos de Vougeot ou du Grand Montrachet « dès la pointe de l'aurore le soleil darde ses rayons ardents […] apportant à tous les raisins cette haute tenue et cet équilibre qui les distinguent. » Georges Tournier expliquait sa longévité en disant qu'il était dans les « *vins-et-forêts et non dans les eaux.* »

En France, l'essentiel de la production est vendu sur les salons de vins et au domaine aux particuliers, aux professionnels dans la grande restauration et chez certains cavistes.

Le vin de paille reste une production minime par rapport aux quelque 100 000 bouteilles annuelles du château où le Pinot tient le haut du pavé avec près de 50 % de l'encépagement. Le Château d'Arlay fut d'ailleurs toujours en pointe pour la promotion de ce cépage au sein de la viticulture jurassienne. Le Chardonnay représente un bon 20 %, le Savagnin également, le reste se partageant entre Poulsard et Trousseau, dans une gamme de vins et d'eaux-de-vie très étendue.

Si la production du *paille*, on le voit, n'est pas d'une importance capitale économiquement, on sent de la part d'Alain de Laguiche une grande tendresse, une attention particulière pour ce vin qui dans sa petite bouteille paraît frêle, tout en redonnant des forces à celui qui la boit.

La fraîcheur du Savagnin

Frédéric Lornet reçoit ses clients dans l'ancienne chapelle des Chartreux datant de la fin du XIIIe siècle, et qui dépendait de l'Ab-baye d'Aberge-ment Sainte Marie dans le Doubs. Le grand vitrail qui l'éclaire, est d'une simplicité… cis-tercienne, même si le motif est plus en adéquation avec la destination actuelle du lieu : une grande feuille de vigne. À Montigny-lès-Arsures, le quar-tier a conservé son nom marqué par l'histoire, l'Abbaye.

Contrairement à nombre de ses confrères, Frédéric Lornet n'est pas d'une longue lignée de vignerons… mais de tonneliers. Son grand-père était tonnelier/foudrier et c'est son père qui se lança dans la viticulture. « *Il faisait peu de vin de paille. Un petit tonneau de temps en temps, rarement. D'ailleurs, il s'en faisait peu dans le secteur d'Arbois,*

c'était confidentiel. » Après des études d'œnologie à Dijon, Frédéric s'installe en 1976 avec son père, Roger. « *Ce fut une année précoce, celle de la sécheresse. On a fait un beau vin de paille, et depuis, on en a toujours fait.* » Lui s'installe « en solo » en 1981. Aujourd'hui, le Domaine compte 18 hectares, sur Montigny et du côté de Salins au coteau de Chamoz.

Pour son assemblage vin de paille, le Savagnin est privilégié : environ ¾ de ce cépage et ¼ de Poulsard ; cela selon les millésimes bien sûr. Certaines années le Chardonnay peut être inclut s'il est particulièrement beau. « *Avec le Savagnin, on a beaucoup de fraîcheur, et le raisin ne pourrit pas.* » Amoureux du Savagnin, Frédéric Lornet produit aussi un Savagnin ouillé, élevé en foudre sur lies, le Naturé ; de même a-t-il conduit quelques essais de ce cépage en vendanges tardives en 1985. Mais ceci est une autre histoire.

Pour la vendange du *paille*, la majeure partie des grappes est allongée dès coupées dans des cagettes bois, elles-mêmes directement posées sur des palettes transportées depuis la vigne grâce à une camionnette équipée d'un plateau. Manipulation et transbordement sont réduits au minimum. On sait que les raisins à paille n'aiment pas être bousculés. Il n'y a plus qu'à les descendre avec un chariot élévateur. Le même qui servira à les installer au grenier pour achever le séchage. Car auparavant, les cagettes seront restées à l'extérieur, dans la cour, à bénéficier de l'air ambiant qui circule bien entre des cagettes où les raisins ne sont pas tassés – s'il n'est pas humide naturellement. Les cagettes sont bâchées le soir. Quelques semaines plus tard, c'est en haut du grand bâtiment que les raisins poursuivront leur passerillage. « *La cagette bois est mieux que le plastique : si le raisin se blesse le bois absorbe, pas le plastique.* » Le but étant d'éviter tout développement de moisissures.

Une partie de la vendange est aussi posée sur des grilles inox « *un matériau neutre. C'est comme si les grappes étaient suspendues…* » La fermentation et le vieillissement s'effectuent en ½ muids ou en pièces, la pressée se réalisant toujours le plus tard possible. À la mi-décembre pour le 2011. La production quant à elle est extrêmement variable d'une année à l'autre « *de 6 à 25 hectos. L'année 2003 fut particulièrement favorable.* » À l'image du 2005, Frédéric Lornet aime le *paille* où le Savagnin est bien présent et donnant un vin relativement vif, frais, clair, à la sucrosité légère, minéral et iodé « *jadis, on faisait un vin plus liquoreux ; ce n'était pas le même vin. Aujourd'hui, les gens veulent un vin frais.* » S'il admet que la recherche de degrés a pour but d'éviter un redémarrage de la fermentation en bloquant celle-ci, il estime néanmoins qu'il vaut mieux laisser faire le vigneron plutôt que d'imposer un degré minimal « *c'est trop restrictif. Si on presse à 18, on va monter à 15/16 %, cela fera un vin de paille sec ; les anciens appelleraient cela un demi-paille ! Si on presse à 21/22, on montera seulement à 13 %. La durée de trois ans est aussi une erreur. Ce qu'il faut, c'est compléter les fûts, ouiller. Si ça reste en vidange on prend de l'oxydation. Et oxydatif plus sucre, c'est lourd. Il faut éviter la confusion entre oxydation et terroir...* » De toute façon, ce qui doit être recherché « *c'est l'équilibre sucre/alcool.* »

Depuis quelques années, à l'occasion d'un déplacement, Frédéric Lornet a découvert le marché chinois, où il exporte désormais beaucoup (relativement) : « *ils sont passionnés, ils sont venus plusieurs fois et apprécient le vin de paille et le macvin. Ce sont des paysans, ils cherchent à comprendre... on s'entend bien.* »

Frédéric Lornet se veut tourné vers l'avenir, reconnaît qu'il y a toujours à améliorer. « *Ne pas être replié sur soi, sur le passé ; ne pas être écrasé par la tradition...* » C'est pour cela qu'il préfère la bouteille de forme ½ Jura qu'il juge plus dynamique que la bouteille type *paille.*

« *Dans le Jura, on est capable de grands rouges et de grands blancs ; capable de rivaliser avec le grand voisin bourguignon. Nos vins le valent bien !* » Alors pourquoi si peu de jeunes s'intéressent-ils au métier, s'inquiète-t-il...

Trouver l'équilibre

Jean-Luc Morel et Michel Thibaut sont enfants du pays de Poligny, un des hauts lieux du vignoble jurassien depuis toujours, et amis d'enfance. Leur association perdure depuis 1989, quand le père de Jean-Luc prit sa retraite. Alors, Michel Thibaut, frère d'un sculpteur d'une renommée certaine, s'associa avec son copain. Auparavant, il avait un peu *bourlingué* : après des études à l'école de Beaune, il avait travaillé dans des

Michel Thibault dans le caveau ; Jean-Luc Morel était à ce moment-là dans les vignes.

exploitations en Bourgogne et dans le Sud de la France. « *C'est bien d'aller voir ailleurs ce qui se passe, comment les autres travaillent. C'est bénéfique. On voit aussi que tous sont bien ancrés dans leurs terroirs.* » Jean-Luc Morel, lui, travaillait donc avec son père depuis le milieu des années quatre-vingt. Ils livraient aussi au Caveau des Jacobins.

Domaine Morel-Thibaut à Poligny

Nos deux amis exploitent environ une dizaine d'hectares, venus de vignes familiales, tous sur Poligny, sur des terroirs différents qui correspondent aux attentes des divers cépages et où ceux-ci s'expriment avec bonheur. Ils possèdent ainsi des vignes route de Plasne, route de Miéry, aux Trouillots et aux Boutasses, sous les falaises de la Croix du Dan à Saint Savin et aux Frins, orientées soit plein sud soit plein ouest. Des vignes qui furent replantées dans les années soixante-dix accompagnant un certain renouveau. L'entreprise elle-même est quasiment dans le centre de Poligny, à quelques encablures à peine, qu'il s'agisse du caveau d'accueil, des chais de vinification, des caves de vieillissement où sont élevés les cinq cépages dans une gamme des plus complètes, caves aux voûtes séculaires ou bien la grange où sont mis à déshydrater les raisins destinés au vin de paille.

La recette du Domaine met l'accent sur le Chardonnay, présent à un bon 50 % ; le Savagnin représente 25 % et le reste est apporté par le Poulsard ainsi que par le Trousseau, mais ce dernier en très petite quantité. Pourcentage évolutif selon les années. Ainsi, en 2007 y eut-il peu de Poulsard, les baies de ce cépage très fragile ayant été abîmées.

Le séchage s'effectue en cagette bois, sous le hangar, face au caveau.

Pour le 2010, le pressurage eut lieu le 20 janvier. Le 2011 un mois plus tôt, les 21 et 22 décembre. « *Le jus est d'abord sorti rouge/ rosé ; quelques heures plus tard il était jaune… comme la paille.* » Pressé à 22 % de titre alcoométrique volumique total, il pourrait finir au bout de ses trois ans de vieillissement à 15,5 %, comme la plupart des autres millésimes. Le 2008 a produit 4 000 bouteilles à la fin de son élevage. Le 2010 devrait atteindre la même quantité à peu de chose près ; soit 7 à 8 % de la récolte, ce qui est un pourcentage relativement important.

Pour le vieillissement « *on privilégie les gros volumes, pour qu'il n'évolue pas trop vite, qu'il garde l'arôme du fruit. En fait, le temps de la fermentation on le met dans un petit volume, des pièces de 128 litres, puis après un an et pour les deux années suivantes, en tonneaux de 500 litres. Le vin est ouillé ; d'une façon limitée, mais c'est indispensable pour qu'il conserve ses arômes.* » Quant à la durée obligatoire de mise sous bois, Michel Thibaut explique « *quand les arômes sont acquis, la durée ajoute de la complexité. Trois ans c'est bien quand on a appris à gérer les gros volumes. Au-delà on perd de la fraîcheur. Cela dit, on ne fait pas du jus de raisin avec un peu d'alcool ! Il faut qu'il y ait de la fraîcheur mais aussi de l'évolution : le but est de trouver l'équilibre.* »

Hormis la Belgique, ce vin part très peu à l'export. Quelques foires aux vins sont privilégiées. Et après sondage auprès de la clientèle « *c'est la ½ Jura qui a été choisie. Elle correspond mieux à l'identité Jura, d'abord c'est écrit dessus !* »

Michel Thibault pour sa part préfère le *paille* en fin de repas « *c'est un dessert à lui tout seul et j'aime mieux boire un paille que du café. Après un bon repas avec des amis, ça remet tout en place. Et puis c'est très bon pour l'esprit : avec sa complexité, il faut rechercher tous ses arômes qui se dégagent peu à peu, parfois très loin.* »

Quant à l'origine du nom du vin, Michel Thibault pense qu'il vient de la paille d'orge que l'on mettait dans le pressoir avec le raisin pour le drainer. Une technique qu'il a vu faire en Auvergne dans une région où se produisait du vin paillé. Alors, pourquoi pas dans le Jura ?

LA PASSION DE L'EXCELLENCE

« *Le vin de paille est le plus noble des vins qu'il puisse y avoir, avec le vin jaune. Le plus beau fleuron du Jura. On ne le sait pas assez, on ne le clame pas assez. Ici, on est sur l'Himalaya, pas sur une taupinière ; on est dans la cour des grands. Faut savoir si on a la volonté d'y rester. Pour avoir goûté bon nombre de liquoreux du monde, je peux affirmer qu'on a un très-très bon niveau... si on fait comme à l'origine, correctement et pas en grande quantité.* » Dans son caveau aux murs constellés de diplômes et de prix témoi-*

gnant de l'excellence de sa production, François Mossu, vigneron à Voiteur, que beaucoup considère comme le maître incontesté du vin de paille (« le maître, la référence, le leader, le pape » : autant de qualificatifs accolés au nom de notre vigneron par l'ensemble de ses pairs), affiche clairement son allégeance à ce vin d'exception. Il s'y consacre avec passion. Pourtant, il revient de loin !

Son grand-père maternel était exploitant viticole... jusqu'en 1934. À cette époque, il souhaitait faire du « vin de paille de Château-Chalon ».

FRANÇOIS MOSSU À VOITEUR

Ce ne fut pas autorisé. Du coup, il arracha ses vignes[1] pour planter à la place des arbres fruitiers, activité que poursuivront les parents de François! Dans les années quatre-vingt, à son tour l'exploitation arboricole est moribonde. Les vieilles variétés ne sont pas encore revenues à la mode. Les arbres sont à leur tour arrachés et la vigne replantée!

Après réflexion, dans les années 85/86 François Mossu fait du vin de paille son cheval de bataille « *un produit extraordinaire. À l'époque, personne ne s'occupait vraiment de celui-ci ; il n'y avait que des petits volumes. Une niche à occuper en quelque sorte.* » Une situation qui l'arrangeait ; peu en faisait, les grands domaines s'en souciait peu ; de quoi se faire une clientèle et une place au soleil sans entrer en concurrence avec les maisons bien établies.

François Mossu a bénéficié tout de même d'un petit coup de pouce, en l'occurrence la découverte des recherches de son grand-père maternel Jules Marguet sur le vin de paille. Lequel avait privilégié la mise en petit fût de 60 litres. Il pressait en mettant de la paille au moment du rebêche « *en fait, c'est sûrement de là que vient le nom de vin de paille.* » Il avait aussi créé une cave avec son mode de vieillissement. « *Il a été un précurseur en initiant la vente du vin de paille, alors qu'il s'agissait jusqu'à présent d'un vin servi ponctuellement en famille, aux malades, aux personnes en état de faiblesse. Souvent, le raisin était rentré comme fruit, écrasé, laissé avec la pulpe dans le tonneau.* » Il n'a pas connu ce grand-père maternel décédé en 1959 mais ce dernier l'inspira néanmoins sur la méthode d'élaboration du produit. De même pour son grand-père paternel, arrivé de Suisse en 1923 et installé au hameau des Couvettes à Frontenay. Cultivateur, il décédait en 1938 mais son mode de mise en valeur et de vente des produits retinrent aussi attention et réflexion.

Le problème lors de l'installation de François Mossu, c'est que la maison n'avait pas de cave! Dans cette maison du xxe siècle, il fallut en recréer une, encastrée dans la roche de la colline où la vigne replantée domine la demeure. Une seule face donne ainsi sur l'extérieur, efficace en termes de température et d'humidité (ou de sécheresse), donnant

---

1. Les caves Bourdy, d'Arlay, achetèrent sa dernière cuvée, en bonbonne. C'était en 1934.

une bonne ambiance conforme à ce qui est souhaitable. Outre cette difficulté de recréer une cave, une autre dût être surmontée et pas des moindres puisque touchant aux finances : « *je me suis débrouillé sans aides de l'État ou de la Chambre d'Agriculture. Il a fallu la confiance d'un banquier. Parce que pour un vin de paille il faut au moins six ans avant de vendre une bouteille : 3 ans de vigne, 3 ans de fût.* »

La première vigne plantée fut du Poulsard ; suivi du Chardonnay, enfin le Savagnin. Aujourd'hui, cela représente 2,96 hectares, pour l'essentiel sur le territoire de Domblans[2], en appellation de Château-Chalon ; comme un clin d'œil au grand-père qui produisit un *vin de paille de Château-Chalon*. 20 à 30 % de la récolte est réservée au vin de paille. Une proportion importante et rare.

La recette n'est pas différente de celles de la plupart des vignerons avec la règle des 3 tiers a peu près égaux entre Poulsard, Chardonnay et Savagnin. Avant que ce ne soit prohibé, il a pu lui arriver d'ajouter un peu de Pinot. Dix hectos de vin de paille sont élaborés chaque année, en moyenne. « *Je vendange tôt, pour garder l'acidité. Le vin de paille, c'est un Yquem plus l'acidité! Ce ne doit pas être une vendange tardive.* »

Au contrôle du titre d'alcool au moment du pressurage, la réglementation impose un taux de 19 % de potentiel minimum. Lui pense qu'il faudrait atteindre 22 à 23 % « *mais pas plus ; après, c'est plus difficile pour la fermentation.* » Il préfère un pressurage tardif ; le « record » de précocité, hormis l'année atypique 2003 (octobre) reste fin novembre.

Dans le vaste grenier au-dessus de la cuverie où est entreposé le raisin, presque tout l'espace est occupé par de grandes claies superposées le long desquelles il faut se faufiler. Les grappes y reposent sur un treillage de fil de fer, les grains se flétrissent et se concentrent, à l'abri. L'endroit est bien aéré, une ventilation d'appoint concourt à l'assainissement du lieu et donc du raisin. François Mossu inspecte les raisins « *quand la rafle est marron, c'est bon. Cette année, ce devrait bien se passer ; c'est une année* facile. »

---

2. La commune de Domblans, relativement étendue, occupe la deuxième place en superficie d'appellation Château-Chalon.

Au pressurage sort un jus rosé ; il devient ambré dans les fûts. « *Le minimum est de 3 ans ; mais ce qui importe, c'est la durée de vie. 2 ans de vieillissement en fût de 60 litres conviennent. L'intérêt, c'est de reproduire les conditions d'origine. On faisait jadis de petits volumes mais on ne faisait pas de millésime, la plupart du temps ; d'ailleurs, on complétait les fûts et alors le degré alcoolique était moins élevé qu'aujourd'hui.* » François Mossu explique « *on conduit un meilleur vieillissement en petit fût. Le même vin en tonneau de 200 litres, en feuillette de 110 litres ou en petit de 60 litres connaît un vieillissement différent. Le rapport air/vin est différent, leur échange aussi et l'on s'aperçoit que le résultat est le meilleur en petit fût.* »

Pour ce qui est de la forme des bouteilles, François Mossu a finalement choisi la demi-Jura, même si une forme rappelant le vin jaune ne lui aurait pas déplu. Mais ce n'est pas autorisé. Écartée aussi, la forme de la bouteille, dont il possède un exemplaire ancien, présentant un macaron où est inscrit *vin de paille du Jura.*

Homme de passion et de conviction, chaleureux, prolixe et toujours tendant à l'excellence qu'il côtoie par exigence envers ce vin

Jules Marguet était le grand-père de François Mossu. Il produisait un « Vin de Paille de Château-Chalon ». Une appellation non autorisée qui le conduisit à abandonner la viticulture en 1934 pour se lancer dans l'arboriculture.

d'exception, François Mossu partage le souci commun de protéger et ne pas faire n'importe quoi avec. Mais « *il y a une différence entre la triche commerciale voulue pour contourner et ceux à qui pourrait manquer incidemment un élément. Il est difficile de protéger un produit noble, quel qu'il soit (foie gras etc.) ; le vin de paille est très réglementé mais il faut laisser une porte de sortie pour celui qui une fois ne serait pas dans tous les clous (en volatil ou autre). La protection de tous ces produits de haut niveau doit s'exercer à l'encontre des grosses structures qui les attaquent en usant du nom et non de la qualité. Sinon, on risque d'anéantir des siècles de travail d'élaboration du fleuron d'une région. Pour faire de l'argent, on risque de casser un produit, le voir s'effondrer en vingt ans. Il faut avoir une bonne fierté de sa région, de ce qu'on fait les parents et progresser dans la continuité.* » Pour lui, c'est un combat permanent « *c'est dur de suivre tous les règlements ; mais le principal, c'est que les produits restent intacts, non galvaudés. Le produit doit passer avant nous et avant nos intérêts. La protection doit passer avant tout sans galvaudage. Avant de changer les choses, il faut voir pourquoi cela se faisait de telle ou telle manière. Sinon tout peut s'effondrer.* »

Référence à la tradition, aux aïeux, à la continuité… et le bio ? « *Surtout pas! On nous raconte n'importe quoi autour du bio. Tout le monde s'y met, la plupart de temps pour des raisons commerciales et non pour des raisons éthiques. Avec le bio, ils font faire crever les* petits. *Quand l'État s'en mêle, c'est mauvais, puisque c'est pour des raisons financières. Il va falloir que l'Europe fasse un cahier des charges du vin bio. Le premier blousé, c'est le client. 80 % du bio en France n'est pas vraiment bio. Mais ce sont des parts de marché. Dans les grandes surfaces, le chiffre d'affaires du bio a augmenté de 20 % mais on ne sait pas vraiment d'où ça vient. Il faut travailler sainement, mais pas se retrouver avec de faux bio, fournis par des malfrats venant de pays dont on ne connaît pas la production ni les méthodes. On se donne bonne conscience en achetant bio… Il faut que les gens comprennent la réalité.* »

Lui préfère pratiquer les bonnes méthodes ancestrales, par un retour aux sources traditionnelles et familiales « *quand la vigne est en fleur, il faut la laisser tranquille quinze jours.* » Les produits utilisés restent la bouillie bordelaise et le cuivre pénétrant.

François Mossu fait ce qu'il aime et ne veut pas suivre la mode. « *Seul le produit doit nous guider. Toujours se battre, même si c'est dur.* » Le résultat, exceptionnel, millésime après millésime, est la plus belle récompense, avec la confiance des clients et des amateurs dont beaucoup restent admiratifs devant ce vigneron « *toujours en recherche et (qui) pense long terme* ».

« L'inventeur » de la bouteille paille

Damien, grand jeune homme dynamique, représente la quatrième génération de la famille Petit à se consacrer au vin, même si l'aïeul Louis en 1900 pratiquait plus globalement la polyculture. Comme d'ailleurs quasiment tous les agriculteurs jadis, où la spécialisation n'avait pas cours : les générations de vignerons se construisaient parallèlement aux activités d'élevage et de cultivateurs. Ce n'est qu'à partir de son fils Désiré

que le Domaine prit le tournant viticole confirmé par ses enfants Gérard et Marcel poursuivi aujourd'hui par Damien.

Mais déjà, Louis accumulait diplômes et distinctions, en particulier au concours agricole à Paris. C'est donc Désiré qui donna son nom au Domaine en 1932. Lorsque ses enfants reprirent le Domaine, celui-ci comptait un peu moins d'un hectare et demi. Les deux frères s'attachèrent à le développer et à force de travail le vignoble représente aujourd'hui 25 hectares, réparti en 3 appellations géographiques : Arbois, Côtes-du-Jura et Château-Chalon.

Un vignoble conduit en exploitation raisonnée, basée sur le travail du sol et l'enherbement de certaines vignes. La qualité du raisin est toujours privilégiée, la vendange manuelle permettant une sélection des grappes par la trentaine de coupeurs aguerris.

S'il est discret et réservé, Damien n'en est pas moins passionné : à preuve, ce dossier vin de paille soigneusement collationné avec études historiques ou biochimiques, règlements, comptes rendus de réunions etc. Tout ce qui touche à la question est ici répertorié.

Dans le vaste grenier bien aéré où l'on accède après avoir traversé une très intéressante galerie riche de multiples outils et accessoires de la vigne, de la vendange et du vin qui mériteraient de se transformer en véritable musée vivant, quelques centaines de cagettes sont alignées et empilées. Les grains sont beaux, sans vilaines pourritures. En cette fin novembre 2011, l'état du raisin est bien avancé « *on fera la pressée début décembre, le potentiel est à 21 %. Après, si on attend trop longtemps, on a des problèmes de volatil. Cette année c'est assez tôt en raison de la température ; il faut s'adapter d'une année à l'autre.* »

Comme à l'accoutumée, une quinzaine d'hectolitres devraient être produits. « *On a été parmi les premiers à appliquer une recette des trois tiers entre Savagnin, Chardonnay et Poulsard (on dit Ploussard à Pupillin) que beaucoup ont adopté depuis. Le Savagnin charpente bien l'ensemble.* » Après, le moût restera 3 ans en fût. Une obligation à laquelle se plie naturellement Damien Petit même s'il n'est pas vraiment d'accord : « *pour moi, deux ans serait suffisant. Une année supplémentaire n'apporte rien, le vin est déjà stabilisé. Et s'il n'est pas suffisamment et régulièrement ouillé, il prend de l'oxydatif. Deux ans, ça permet de garder la fraîcheur des arômes ; et moi je n'aime pas les vieux vins, ces goûts de sous-bois, de confits etc. je préfère la fraîcheur des jeunes vins !* »

Côté gastronomie, Damien dit apprécier le *paille* avec des fromages persillés (Gex, Causses…), mais aussi avec le foie gras au moment des fêtes ou tout simplement à l'apéritif.

Mais ce qui attire encore plus l'attention sur le Domaine et la lignée familiale Petit, outre la belle

Damien Petit goûte le Chardonnay.

qualité de leur produit, c'est aussi d'avoir retrouvé la bouteille typique « paille », datant de 1865 et fabriquée alors à la verrerie de La Vieille Loye, au cœur de la forêt de Chaux. Le modèle a été repris et s'est largement répandu, même si tous ne l'ont pas adopté et que le modèle de bouteille est laissé à la liberté de chacun.

Marcel, le père de Damien nous a raconté cette découverte en regrettant que cette bouteille n'ait pas été adoptée par tous (*cf.* par ailleurs, l'encadré consacré aux bouteilles page 86).

Une fratrie à la recherche de l'authenticité

Jean-Etienne, Antoine, Marie Florence : la fratrie qui préside aux destinées du Domaine Pignier est la 7ᵉ génération de vignerons officiant en ces lieux. Le Domaine fut créé par les moines chartreux, de La Chartreuse de Vaucluse au bord de l'Ain, au XIIIᵉ siècle. Sur les coteaux de Montaigu, un important vignoble fut alors planté pour répondre notamment aux nécessités du culte, et la consommation des moines.

Domaine Pignier à Montaigu

La Révolution contraignit les religieux à l'exode en 1794 et leurs propriétés furent vendues en Biens Nationaux, qu'acheta un aïeul de la famille Pignier. Depuis, le domaine est resté dans le giron familial. Le cellier gothique aux étonnantes sculptures sur le chapiteau des piliers est resté le même depuis sept siècles et son ambiance impressionne toujours autant le visiteur, qui s'efforce de deviner dans la pénombre et entre les tonneaux les traces d'un légendaire souterrain… Conduirait-il aux mystères du vin, à sa mystérieuse alchimie, qu'il soit jaune, de paille, de souches anciennes…? Pas plus que celui du vin jaune, le voile du mystère n'est pas forcément fait pour être soulevé.

Notre fratrie a succédé à leur père François, solide et chaleureux vigneron qui avait perpétué la tradition de l'excellence… mais ne faisait pas de vin de paille, ou rarement. Ce n'est que depuis 1982, avec ses fils qu'il a véritablement recommencé à en élever et à le commercialiser. En fait, ce sont eux, la génération actuelle, qui a poussé à la relance du vin de paille.

Aujourd'hui, le père n'est plus là, le Domaine compte 15 hectares et ne devrait plus guère s'agrandir, sauf de petites parcelles proches qui pourraient être replantées. Les frères et la sœur, fidèles à une certaine éthique, affirment, reprenant un adage ancien « *il faut que la cave soit à la distance de ce que peut parcourir un bœuf depuis la vigne* », soit 2 à 3 kilomètres. D'autant que la pente est rude ! C'est, estiment-ils, ce que le raisin peut supporter sans dommage une fois coupé. De fait, les vignes s'étendent sur les coteaux de chaque côté de crête de Montaigu, comme cela s'est toujours fait : côté Val de Sorne et côté reculée de la Vallière.

Toujours préoccupés d'authenticité et de respect de la Nature, ils sont passés en biodynamie en 2002 (*cf.* par ailleurs au chapitre *Quelques définitions*), certifié par Déméter (seul organisme certificateur).

Le vin de paille représente de 2 à 3 % de la production totale ; soit entre 5 et 15 hectos selon les années. « *2011 sera un beau millésime ; mais certaines années, c'est zéro ! ça ne vaudrait pas le coup, ou ne serait pas à la hauteur.* » Ils constatent « *la bio-dynamie aide beau-*

coup pour le paille, les deux esprits correspondent : de belles grappes, bien aérées, de petits rendements. Et les parcelles conviennent bien. Il faut être rigoureux au moment de la vendange, dans la sélection des grappes, des parcelles, des vendangeurs. Cela exige du sérieux. »

La recette, ce sera 30 % Savagnin, 30 % Poulsard, 25 à 30 % Chardonnay et le reste en Trousseau. En fait, ils aimeraient compléter par quelques anciens cépages plus ou moins oubliés, comme l'Enfariné et d'autres.

Après la vendange et le séchage, l'assemblage se fait à la pressée, raisins blancs et rouges mélangés « *il faut qu'ils vivent ensemble.* » Le vin sera mis en bouteille une fois les trois ans révolus en tonneaux, en pièces ou en feuillettes (110 litres) régulièrement ouillés afin de garder la pureté. « *On a adopté d'emblée la bouteille de type paille préconisé ; on la trouve jolie et cela fait partie des coutumes. Même si c'est un peu plus compliqué pour l'embouteillage, l'étiquetage ou le stockage, c'est bien de s'embêter un peu pour un vin comme celui-là, il le mérite ! Ca fait partie du jeu. Et puis ce ne serait pas la peine de se donner tant de travail pour le mettre dans une bouteille banale...* » Et la bio-dynamie a aussi son *mot à dire* dans la vinification et jusqu'à la mise en bouteille. « *Fondamentalement, on essaye de respecter l'ambiance du lieu.* »

« *Jadis, on rentrait du raisin pour le manger et on le conservait, comme la viande au saloir, les légumes pour l'hiver, les fruits, dont le raisin,* explique Jean-Etienne. *On le suspendait dans la salle à vivre, bien ventilée et on le consommait peu à peu, un fruit sec que l'on pouvait garder. Puis on a eu idée de le presser, c'est ce vin de paille. Là, c'est pareil ; il faut que le raisin reste sur lui-même, par un passerillage long. Il se conserve parfaitement s'il a été bien rentré et ne sèche pas trop rapidement. Le passerillage naturel va lentement. Ainsi ça reste très fruité, on est sur le fruit, sur ses caractéristiques de fruit sec. On s'efforce de faire comme à l'origine.* »

On touche là à l'obsession ou du moins à la volonté de la fratrie de tendre vers l'authenticité originelle, que ce soit pour le *paille* ou pour ses autres vins.

« *On veut retrouver les recettes anciennes, avec des cépages qui n'ont plus cours. Mais chacun apporte quelque chose ; une complémentarité, un équilibre. On cherche à avoir des plants anciens et surtout les souches locales de plants. On ne se sert pas chez le pépiniériste, mais c'est nous qui fournissons le pépiniériste, surtout en bio-dynamie ! On a retrouvé une souche de Chardonnay local (on l'appelait Gamay blanc), mais aussi de Trousseau, de Pinot noir. On envisage des greffons de vieilles vignes et on restaure les vieux plants retrouvés.* »

Sur la quarantaine de plants répertoriés au XIXᵉ siècle une quinzaine a été retrouvée : « *ce ne sont pas des plants importés des États-Unis, ce sont des Francs-Comtois de souche, entre Saint-Amour et Besançon.* »

Poursuivant dans cette optique, le Domaine Pignier va présenter un vin rouge fait de l'assemblage de huit cépages rouges hors appellation. Il ne bénéficiera pas de l'AOC, mais sera vendu en « vin de table ». Le but est là encore de « *retrouver à la fois les cépages et les assemblages particuliers. L'identité du vigneron s'affirme à la fois à travers la géologie mais aussi ses assemblages.* »

Une démarche originale de recherche d'authenticité sous le signe d'une éthique exigeante et surtout de l'esprit qui prévalut jadis « *au fil des ans, on affine nos recherches, l'envie d'aller plus loin, d'authentifier notre démarche. Même si quelquefois c'est anti commercial…* »

Être toujours rigoureux

Jacques Tissot : un nom et une figure dans la viticulture juras-sienne. Ses vins sont présents sur la carte des plus grandes maisons et sa jovialité légendaire fait merveille. Aujourd'hui, il pèse 30 hectares en AOC Arbois, Arbois-Pupillin et Côtes-du-Jura, conduits en culture raisonnée, c'est-à-dire le minimum de produits phytosanitaire et l'enherbement des parcelles. C'est en 1962 qu'il crée son

Domaine avec son épouse Michelle, sur une parcelle héritée de son père. Une lignée de vignerons paysans « *quatre générations du côté de ma mère, trois du côté de mon père.* » Il ne reste bien entendu plus que la viticulture, mais Jacques se souvient que le lait et le raisin étaient conduits à la fruitière et à la coopérative. Depuis quelques années, le fils Philippe a rejoint le Domaine.

Domaine Jacques et Philippe Tissot en Arbois

Dans les vastes chais qui bordent la route 1083 (ex RN83), à la sortie d'Arbois quand on vient de Lons le Saunier, entourés d'une mer de vignes, l'heure au moment de notre visite est à la fermentation du *paille*. Les quelque dix mille cagettes qui ont contenu les grappes de raisins destinées au vin de paille sont soigneusement rangées. L'année a été belle et 2011 devrait donner une bonne vingtaine d'hectos de paille sur les 1700 au total.

« *On assemble en général un tiers de chaque cépage. On a des vieilles vignes de plus de 60 ans magnifiques. Et notamment de belles vignes à Poulsard, avec de beaux raisins, les grappes pas serrées, sur terrain enherbé, superbe. Certaines années, on peut monter à 80 ou 90 % de Poulsard! J'aime la sucrosité.* »

Selon les années, la production oscillera de 10 à 25 hectos. Avec un record en 2003 : 50 hectos! Cette année-là le raisin « *était sec sur pied.* » Malheureusement, il y eut un « accident » : un foudre ayant coulé, 23 hectos furent perdus. Quoi qu'il en soit, la maison possède en gros 3 ans de stock d'avance.

Toujours présent et dynamique tant dans l'entreprise que sur les salons et expositions où il gagne des flopées de distinctions, Jacques Tissot continue d'avoir l'œil à tout, arpente d'un pas alerte et attentif les installations.

« *Ce qu'il faut, c'est être rigoureux; l'important pour le vin de paille, ce sont les premières semaines. D'abord au moment de la vendange, ne pas blesser le raisin, ne pas le maltraiter, ne pas tolérer de pourriture, bien sélectionner, ne pas lui occasionner de chocs. L'avantage, c'est qu'on n'a pas à aller loin pour le ramasser. Nous, on laisse les cagettes au maximum à l'extérieur, tant qu'il fait beau, pas trop serrées, on laisse un tunnel pour que circulent les courants d'air et on couvre le soir. Sous la surveillance de caméras… Si par hasard il pleut un peu, on laisse couvert. Ensuite, au bout d'un mois en moyenne on rentre les cagettes, disposées en piles, avec deux gros ventilateurs à chaque bout qui brassent beaucoup d'air. Les cagettes sont alignées pour être toutes ventilées correctement, on les incline, on les change de place, on effectue des rotations : celles du bas passent en haut et ainsi de suite! On bouge les ventilos aussi.* » Par contre les grappes de Savagnin seront suspendues au plafond, à bonne hauteur, bien espacées et ventilées elles aussi. Un pont de plâtrier sert à la manœuvre « *suspendre, c'est la méthode la plus efficace et la moins risquée mais il faut beaucoup de main-d'œuvre.* » Et puis le Savagnin a la peau plus épaisse, il est moins fragile. Pour les cagettes, un contrôle régulier a lieu, tous les 8 à 10 jours pour voir l'état du raisin, effectuer les rotations et éliminer les baies moisies. « *Il faut 1 à 5 % de pourriture noble.* » Les contrôles se poursuivent durant la fermentation : « *on a pressé à 22/23 de potentiel cette année, la limite ; on analyse trois fois par semaine pour surveiller l'évolution.* » Un œnologue suit celle-ci et surveille le volatil « *c'est le poste le plus difficile à maîtriser. Mais c'est aussi indispensable. Il faut éviter l'oxydation, fuir l'oxydatif.* »

Les *paille* restent en principe un peu plus que les 3 ans requis, dans des tonneaux ayant déjà auparavant contenu du *paille*. « *Je suis pas sûr que ce soit bien, surtout si on suit les goûts de la clientèle. Ils veulent des produits aériens, légers avec des saveurs de fruits. On essaye de les suivre. Mais pour le goût, il vaudrait mieux 2 ans. Ce serait moins liquoreux ; la fraîcheur du fruit se perd un peu quand c'est trop long en tonneaux. Quand c'est trop vieux, la sucrosité l'emporte. Il faut un équilibre alcool/sucre* » Difficile de tout concilier. Mais la passion est toujours là « *il faut améliorer sans arrêt.* » D'ailleurs, un agrandissement est prévu qui sera consacré entièrement au vin de paille. « *Les techniques évoluent pour arriver à mieux faire, et ça va dans le bon sens ; mais les fondamentaux doivent rester solides. Toujours être rigoureux.* »

Entre la bouteille de type paille et la ½ Jura, Jacques Tissot n'a pas choisi : il propose les deux ! « *Le Jura coûte cher en flaconnage… La bouteille de paille est plus contraignante dans son conditionnement et pour les revendeurs.* » Lui verrait bien un flacon de 50 cl, comme les vins de paille de l'Ermitage, voire carrément en bouteille de 75 cl.

« *Et pourtant, jadis, on n'en faisait guère en Arbois. Il s'en faisait beaucoup plus en Côtes-du-Jura. Quand j'étais jeune, je n'en voyais pas beaucoup par ici, même s'il s'en est toujours produit un peu. Rien à voir avec aujourd'hui. Par contre je me souviens d'avoir bu un fabuleux paille de 1904 de chez un Vandelle à Pannessières, qui en faisait un peu pour sa famille en plus de ce qu'il travaillait pour un propriétaire !* » Les bons *paille* sont en augmentation, se réjouit-il « *il faut des beaux produits, élégants et pas trop lourds.* » Avec un 2011 qui s'annonce extra, les yeux de Jacques Tissot pétillent de bonheur. Peut-être à l'idée de le déguster avec un bon Munster…

L'accent sur le Chardonnay

En haut du Mont Muzard, le Château de l'Étoile domine la grande plaine de Bresse, entouré de ses vignes. Quelque 17 hectares composent le Domaine, à 80 % sur la colline, le reste toujours sur la commune. Une commune qui bénéficie d'une AOC géographique en raison de ses particularités géologiques et d'exposition, et comptait 170 hectares de vignes avant guerre. Il n'en restait plus que 80 après le conflit… et 60 aujourd'hui.

Le Domaine *Vandelle père et fils* (aujourd'hui dirigé par Alexandre) est dans la famille depuis 1883, depuis que l'arrière-arrière-grand-père Auguste l'acheta, sur le site où depuis *la plus haute Antiquité* était édifié le château. C'est aujourd'hui une belle demeure accueillante. Auguste Vandelle, comme presque tous à l'époque, pratiquait la polyculture ; mais avait déjà mis l'accent sur la viticulture et produi-

ALEXANDRE VANDELLE, CHÂTEAU DE L'ÉTOILE

sait du vin de paille. Pour preuve, une bouteille de 1893 (la plus vieille) qui figure dans la vinothèque de la maison où sont conservés quelques bouteilles de chaque millésime. Une collection à titre familial qui n'est pas destinée au commerce, dont les bouchons sont changés environ tous les 10 ans. *Le plus ancien que j'ai goûté*, nous confie Alexandre, *était un 1915 ; pour l'anniversaire du grand-père. Il était superbe*, confirmant le jugement par un grand sourire.

Ainsi la famille a toujours fait du vin de paille et le commercialisait. C'est le grand-père qui arrêta la polyculture pour se consacrer uniquement à la viticulture après la guerre et relança le vin de paille.

Les vignes étant situées à proximité du *château*, les grappes sont rapportées au seau et aussitôt disposées sur des claies grillagées d'un mètre sur deux. « *On a toujours fait comme cela. On en suspend un peu parfois, mais c'est rare.* » Le passerillage s'effectue dans la vieille maison très bien ventilée toute proche du caveau. Le vieillissement se prolongera en feuillette « *on rempli bien, on surveille très régulièrement et en général on n'a pas vraiment besoin d'ouiller ; ou très peu.* » Les tonneaux sont des pièces retaillées ayant contenu, en général, du blanc de Bourgogne. Le vin y restera un peu plus de trois ans : « *on essaye de laisser un maximum de temps, mais il faut répondre à la demande ; alors on met en bouteille au fur et à mesure en suivant la demande.* » Pas d'export pour le *paille*, pour l'essentiel une clientèle locale et un peu nationale.

Dans sa composition, presque exclusivement du Chardonnay, celui-ci représentant à peu près 90 % du vin de paille, uniquement en vieilles vignes qui ont l'avantage d'avoir des grains lâches sur les rafles. Le reste est apporté par le Poulsard. Il est rare qu'y soit rajouté du Savagnin.

Ainsi, 9,5 hectos de paille sont produits en moyenne chaque année soit 2 à 3 % du volume total de la production du Château. Ils seront mis en vente en bouteilles ½ Jura « *l'autre, celle de paille lancée depuis quelques années, je ne la trouve pas belle. Ce n'est pas une réussite. On a quand même fait un sondage auprès de notre clientèle, elle a confirmé notre intuition en préférant la Jura. D'abord, c'est écrit dessus alors que l'autre écusson on ne lit pas ce qu'il y a d'inscrit… »*

En cette veille de Noël, Alexandre Vandelle se réjouit : « *2011 est une très belle année. Il y a eu pas mal de frelons, ce qui nous a obligés à ventiler plus. Le pressurage a été fait à la mi-novembre, avec un titre alcoométrique volumique total à 22 % : ça permet de garder l'acidité et permet de dégager des aspects intéressants à la fin du vieillissement. La fermentation se passe très bien pour l'instant. Cela dit, on ne contrôle pas tout, heureusement et il faut laisser faire la Nature.* »

S'il aime le vin de paille et comment le déguste-t-il ? « *Bien sûr que j'aime ce vin ! J'aime le boire en égoïste, tout seul avec du chocolat noir. Ou alors, avec un dessert en famille ou avec des amis.* »

Précisons que le Château de l'Étoile pratique ce qu'il appelle la « lutte raisonnée » : elle oblige à l'emploi de produits sélectifs et en quantité réduite afin de favoriser les vecteurs antiparasitaires naturels, à l'inspection hebdomadaire des vignes, au comptage même des insectes ! Les rangs sont enherbés, sauf les vieilles vignes qui ne supportent pas. Elle permet ainsi d'obtenir une vendange de très grande qualité et de préserver intactes les richesses du terroir. Pour le plus grand plaisir des dégustateurs.

Annexes

VIN DE PAILLE : DES RÈGLES STRICTES

Qu'il provienne d'un Étoile, d'un Arbois ou d'un Côte du Jura, trois appellations bénéficiant du label Origine Contrôlée, le vin de paille doit répondre à un certain nombre de critères très stricts, qui complètent ceux définissant l'appellation originelle et auxquels ils doivent eux aussi s'accorder.

Ces critères sont contenus dans un cahier des charges[1], homologué pour ce qui est de l'Étoile par le décret 2011-1096 du 11 septembre 2011 publié au JORF le même jour; pour l'Arbois par le décret 2011-1188 du 23 septembre 2011 publié au JORF du 27 septembre 2011 et pour ce qui est des Côtes-du-Jura par le décret 2011-1189 du 23 septembre 2011 publié également au JORF du 27 septembre 2011. Ces décrets sont fort long, précisent à la fois les définitions, les méthodes de culture, les seuils minimaux et maximaux d'un certain nombre de teneurs ou de production; rappellent aussi l'Histoire qui ancre ces productions dans la durée et authentifie la tradition affirmée ainsi que la géographie qui délimite les aires de production et même les goûts et arômes caractéristiques etc.

Nous nous contenterons ici de reproduire les passages les plus marquants concernant le vin de paille. Pour avoir l'ensemble du cahier des charges de chacune des appellations (mais aussi pour le crémant, le vin jaune et le macvin) on se reportera sur le site de Société de viticulture du Jura, en libre accès.

En voici donc les extraits :

II. — Dénominations géographiques et mentions complémentaires

1°- Le nom de l'appellation d'origine contrôlée peut être complété par la mention « vin de paille » pour les vins répondant aux conditions de production fixées pour cette mention dans le présent cahier des charges.

---

1. Le cahier des charges de chacune des appellations et les décrets d'application afférents ont été promulgués à l'automne 2011. Le précédent datait du 10 août 1996 et modifiait certains points de celui du 31 juillet 1937. Il permettait un vieillissement de deux ans seulement après pressurage dont douze mois sous bois. Les divers critères ont été reformulés pour répondre notamment aux demandes de la Commission européenne. Plusieurs années de travail ont été nécessaires pour les établir. Ils le sont pour un certain nombre d'années.
Le 31 janvier 1986, avec le CFPPA de Montmorot, une importante réunion eut lieu. Les producteurs du Jura, d'Alsace et de l'Hermitage participèrent à cette journée de formation et de réflexion où il fut question de la réglementation, de la vinification et de la dégustation des vins de paille. Sous l'impulsion de Jacques Richard, alors président de la Société de Viticulture du Jura il fut prôné que les autres régions aient les mêmes contraintes que les viticulteurs jurassiens. Le souhait étant d'établir une norme et de codifier la dénomination sur le plan national en harmonisant les pratiques existantes comme le rappelaient Bruno, Christian et Éric de Brisis dans leur ouvrage *Vins, vignes et vignobles du Jura* (Éditions Cêtre, 1992).
Ces discussions poursuivies durant plusieurs années débouchèrent sur les décrets régissant l'appellation… dans le Jura. Décrets qui connurent plusieurs évolutions et précisions pour aboutir à celui présenté plus haut.

V. - Encépagement

c) — Les vins susceptibles de bénéficier de la mention « vin de paille » sont issus des cépages suivants : chardonnay B, poulsard N (appelé localement ploussard), savagnin B, trousseau N.

La proportion de l'ensemble des cépages principaux est supérieure ou égale à 80 % de l'encépagement.

VII. — Récolte, transport et maturité du raisin

1°- Récolte
b) — Dispositions particulières de récolte
Les vins susceptibles de bénéficier de la mention « vin de paille » sont issus de raisins récoltés manuellement par tries.
2°- Maturité du raisin
a) — Richesse en sucre des raisins
Ne peuvent être considérés comme étant à bonne maturité les raisins présentant une richesse en sucre inférieure à :
- 153 grammes par litre de moût pour les cépages noirs, y compris les raisins destinés à l'élaboration des vins susceptibles de bénéficier de la mention « vin de paille » ;
- 161 grammes par litre de moût pour les cépages blancs, y compris les raisins destinés à l'élaboration des vins susceptibles de bénéficier des mentions « vin de paille » ou « vin jaune ».

Les vins susceptibles de bénéficier de la mention « vin de paille » sont issus de raisins cueillis en bon état sanitaire et à maturité physiologique.
c) — Titre alcoométrique volumique acquis minimum
Les vins susceptibles de bénéficier de la mention « vin de paille » présentent un titre alcoométrique volumique acquis minimum de 14 %.
d) — Titre alcoométrique volumique total
Les vins susceptibles de bénéficier de la mention « vin de paille » présentent un titre alcoométrique volumique total supérieur ou égal à 19 %.

VIII. — Rendements. — Entrée en production

1°- Rendement
a) — Le rendement visé à l'article D. 645-7 du code rural et de la pêche maritime est fixé, pour les vins blancs, à 60 hectolitres par hectare.
b) — Le rendement visé à l'article D. 645-7 du code rural et de la pêche maritime est fixé, pour les vins rouges et rosés, à 55 hectolitres par hectare.
c) — Le rendement visé à l'article D. 645-7 du code rural et de la pêche

maritime est fixé, pour les vins susceptibles de bénéficier de la mention « vin de paille », à 20 hectolitres par hectare.

2°- Rendement butoir

a) — Le rendement butoir visé à l'article D. 645-7 du code rural et de la pêche maritime est fixé, pour les vins blancs, à 72 hectolitres par hectare.

b) — Le rendement butoir visé à l'article D. 645-7 du code rural et de la pêche maritime est fixé, pour les vins rouges et rosés, à 66 hectolitres par hectare.

c) — Le rendement butoir visé à l'article D. 645-7 du code rural et de la pêche maritime est fixé, pour les vins susceptibles de bénéficier de la mention « vin de paille », à 20 hectolitres par hectare.

4°- Dispositions particulières

Si pour une même superficie déterminée de vignes en production, il est revendiqué à la fois l'appellation d'origine contrôlée « Arbois » (ou « l'Étoile », ou « Côtes-du-Jura ») et l'appellation d'origine contrôlée « Arbois » (ou « l'Étoile » ou « Côtes-du-Jura ») complétée par la mention « vin de paille », la quantité déclarée dans l'appellation d'origine contrôlée « Arbois » (ou « l'Étoile » ou « Côtes-du-Jura ») ne doit pas être supérieure à la différence entre celle susceptible d'être revendiquée dans cette appellation d'origine contrôlée et celle déclarée dans l'appellation d'origine contrôlée complétée par la mention « vin de paille » affectée d'un coefficient k égal au quotient du rendement autorisé pour l'appellation d'origine contrôlée « Arbois » (ou « l'Étoile » ou « Côtes-du-Jura ») (vins blancs) par le rendement autorisé pour les vins susceptibles de bénéficier de la mention « vin de paille ».

IX. — Transformation, élaboration, élevage, conditionnement, stockage

1°- Dispositions générales

Les vins sont vinifiés conformément aux usages locaux, loyaux et constants.

c) — <u>Normes analytiques.</u>

Au stade du conditionnement et de la mise en marché à destination du consommateur :

- Les vins (à l'exception de ceux susceptibles de bénéficier de la mention « vin de paille ») présentent une teneur en sucres fermentescibles (glucose + fructose) inférieure ou égale à 3 grammes par litre.

- Les vins susceptibles de bénéficier de la mention « vin de paille » présentent une teneur en acidité volatile inférieure à 25 milliéquivalents par litre.

e) — <u>Capacité de cuverie.</u>

- La capacité de cuverie de vinification est au moins équivalente à 1,2 fois le volume de vin de la déclaration de récolte de l'année précédente, à surface égale.

- La capacité globale d'élevage sous bois est au moins équivalente à 2 fois le volume de vin revendiqué sous la mention « vin de paille » de la déclaration de récolte de l'année précédente, à surface égale.

2°- *Dispositions par type de produit*

b) — <u>Vins susceptibles de bénéficier de la mention « vin de paille »</u>

Les raisins destinés à l'élaboration des vins susceptibles de bénéficier de la mention « vin de paille » font l'objet d'un passerillage hors souche pendant une durée minimale de 6 semaines, soit sur lits de paille ou sur claies, soit suspendus dans des locaux ventilés naturellement ou artificiellement, tout dispositif de chauffage de l'air étant interdit.

Au moment du pressurage, les raisins présentent une richesse en sucre supérieure à 320 grammes par litre de moût et inférieure à 420 grammes par litre de moût.

Les vins font l'objet d'un élevage au moins jusqu'au 15 novembre de la 3ᵉ année qui suit celle de la récolte dont 18 mois au moins sous bois.

5°- *Dispositions relatives à la circulation des produits et à la mise en marché à destination du consommateur*

a) — <u>Date de mise en marché à destination du consommateur.</u>

- À l'issue de la période d'élevage, les vins bénéficiant de la mention « vin de paille » sont mis en marché à destination du consommateur à partir du 1ᵉʳ décembre de la 3ᵉ année qui suit celle de la récolte.

X. - Lien avec la zone géographique

1°– Informations sur la zone géographique

La production des vins bénéficiant de la mention « vin de paille » est aussi une particularité jurassienne. Afin d'obtenir de fortes concentrations en sucre dans un climat plutôt humide et froid, un passerillage hors souche de grappes sélectionnées durant six semaines au moins, est pratiqué. Les grappes sont suspendues à des fils de fer, ou déposées sur de petites caisses perforées ou des claies, entreposées dans des bâtiments secs et aérés, mais non chauffés. Ensuite un pressurage lent de très faible rendement en jus donne des moûts très riches en sucre qui fermentent lentement.

2°- Informations sur la qualité et les caractéristiques des produits

Le vin bénéficiant de la mention « vin de paille » est un vin doux qui développe des arômes de fruits confits rappelant le pruneau ou l'orange confite, ou des arômes de miel. Les arômes et les saveurs de ce vin varient non seulement en fonction de leur origine mais aussi en fonction des cépages dont il est issu et du savoir-faire de chaque producteur ou maître de chai.

3°- Interactions causales

La sécheresse relative de l'automne venteux favorise le passerillage des raisins destinés à l'élaboration du « vin de paille ». La période minimale d'élevage jusqu'au 15 novembre de la 3ᵉ année qui suit celle de la récolte, dont 18 mois au moins sous bois, favorise le développement d'arômes complexes et l'affinage des vins.

XI. — Mesures transitoires

Les parcelles de vigne plantées avant le 1ᵉʳ août 1994 et ne respectant pas les dispositions relatives à la densité de plantation fixées dans le présent cahier des charges continuent à bénéficier, pour leur récolte, du droit à l'appellation d'origine contrôlée jusqu'à leur arrachage, sous réserve du respect des règles de palissage et de hauteur de feuillage fixées dans le présent cahier des charges.

Pour ces parcelles, à compter de la récolte 2012, le volume pouvant bénéficier du droit à l'appellation d'origine contrôlée est établi sur la base du rendement autorisé pour l'appellation d'origine contrôlée complétée ou non par la mention « vin de paille », pour la récolte considérée, affecté du coefficient de 0,8.

XII. — Règles de présentation et étiquetage

2°- Dispositions particulières

a) — Les vins bénéficiant de la mention « vin de paille » sont présentés obligatoirement avec l'indication du millésime.

c) — L'étiquetage des vins bénéficiant de l'appellation d'origine contrôlée peut préciser le nom d'une unité géographique plus petite, sous réserve :

- qu'il s'agisse d'un lieu-dit cadastré ;
- que celui-ci figure sur la déclaration de récolte,

Le nom du lieu-dit cadastré est imprimé en caractères dont les dimensions ne sont pas supérieures, aussi bien en hauteur qu'en largeur, à la moitié de celles des caractères composant le nom de l'appellation d'origine contrôlée.

Chapitre II

I. - Obligations déclaratives

1. Déclaration d'intention de pressurage

Pour les vins susceptibles de bénéficier de la mention « vin de paille », l'opérateur dépose, auprès de l'organisme de défense et de gestion, une déclaration d'intention de pressurage au moins dix jours avant la date prévue pour cette opération.

Elle indique :
- le nom de l'opérateur ;
- la date de début de pressurage ;
- le lieu où se déroule le pressurage.

4. Déclaration de conditionnement

Tout opérateur souhaitant conditionner un vin bénéficiant de l'appellation d'origine contrôlée effectue auprès de l'organisme de contrôle agréé une déclaration préalable de conditionnement pour le lot concerné, au plus tôt un mois et au moins huit jours ouvrés, avant l'opération.

Les opérateurs réalisant plus de 24 conditionnements par an, à l'exception des conditionnements de vins bénéficiant de la mention « vin de paille » ou « vin jaune », sont dispensés de cette obligation déclarative, sur demande individuelle auprès de l'organisme de contrôle agréé. Ces opérateurs adressent à l'organisme de contrôle agréé, préalablement à toute opération, leur calendrier annuel de conditionnement. Pour ces opérateurs le délai minimum de déclaration pour les vins bénéficiant de la mention « vin de paille » ou « vin jaune » est fixé à quatre jours ouvrés avant l'opération.

Chapitre III

I. – Points principaux à contrôler et méthodes d'évaluation

Locaux de séchage des raisins pour les vins susceptibles de bénéficier de la mention « vin de paille »	Contrôle documentaire et/ou contrôle su site (localisation et caractéristiques)
Lieu de vinification	Contrôle documentaire
Élevage pour les vins susceptibles de bénéficier des mentions « vin de paille » ou « vin jaune »	Contrôle documentaire et/ou contrôle su site (localisation et capacité)
Vins susceptibles de bénéficier des mentions « vin de paille » ou « vin jaune »	- Contrôle de la concentration des raisins (déclaration de pressurage) - Contrôle de la conformité des vins destinés à la production de vins susceptibles de bénéficier de la mention « vin jaune » (déclaration de revendication)
Élevage — Vins susceptibles de bénéficier des mentions « vin de paille » ou « vin jaune »	Contrôle documentaire et contrôle sur le terrain

PRODUCTION COMPARÉE DANS LE JURA

Les chiffres ci-après concernent les quantités déclarées en 2009 pour les vins tranquilles en appellation

Côtes-du-Jura
Vins blancs : 12 800 hectolitres
Vins rouge et rosé : 6 250 hectolitres
Vin jaune : 600 hectolitres
Vin de paille : 450 hectolitres

Arbois
Vins blancs : 12 000 hectolitres
Vins rouge et rosé : 15 000 hectolitres
Vin jaune : 1 000 hectolitres
Vin de paille : 500 hectolitres

L'Étoile
Vins blancs : 2 500 hectolitres
Vin jaune : 70 hectolitres
Vin de paille : 60 hectolitres

(source : Société de Viticulture du Jura)

Les tableaux et statistiques établis montrent au fil des ans une production de vin de paille tournant autour de 1 000 hectos, parfois moins, parfois plus... Ce qui représente, toujours selon les années entre 1 et 2 % de la production de vin du Jura.

Campagne 2010-2011

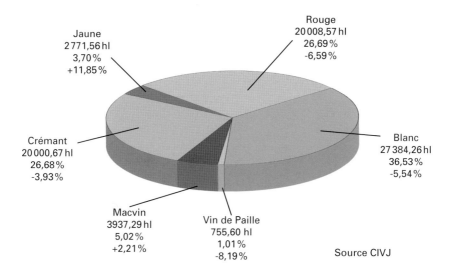

Jaune
2 771,56 hl
3,70 %
+11,85 %

Rouge
20 008,57 hl
26,69 %
-6,59 %

Crémant
20 000,67 hl
26,68 %
-3,93 %

Blanc
27 384,26 hl
36,53 %
-5,54 %

Macvin
3 937,29 hl
5,02 %
+2,21 %

Vin de Paille
755,60 hl
1,01 %
-8,19 %

Source CIVJ

Vin de paille AOC du Jura

Production commercialisée (ou destinée à la commercialisation) en hectolitres

Millésime	AOC Côtes-du-Jura	AOC Arbois	AOC L'Etoile	Total vin de paille
1979	16	17	00	33
1980	0	0	0	0
1981	0	0	0	0
1982	44	42	1	87
1983	36	39	0	75
1984	0	0	0	0
1985	31	16	0	47
1986	43	23	0	66
1987	22	0	2	24
1988	84	176	0	260
1989	64	188	11	263
1990	159	233	33	425
1991	30,93	14,8	0	45,73
1992	210,05	198,62	31	439,67
1993	195,17	94,05	29	318,22

Source : de 1979 à 1990 : DGI ; de 1991 à 1993 : INAO demandes d'agrément

Statistiques

Production des AOC viticoles du Jura (hl)

AOC	1993	1994	1995	1996	1997	1998	1999	2000
Arbois Blanc et Jaune	16035	17445	18403	19069	14124	20604	23432	18354
Côtes-du-Jura Blanc et Jaune	19277	18520	15392	18923	12108	20052	25345	20621
L'Etoile Blanc et Jaune	2594	2334	2535	3358	2554	3808	4645	3552
Total Blancs et Jaunes	37906	38299	36330	41350	28786	44464	63422	42527
Arbois Rouge ou Rosé	27170	20952	22266	26857	17607	24414	26749	23340
Côtes-du-Jura Rouge ou Rosé	6759	6058	6374	8778	4454	7178	9937	8040
Total Rouges ou Rosés	33929	27010	28640	35635	22061	31592	36686	31380
Arbois Mousseux Blanc	3327	2092	183	248	56	217	183	172
Arbois Mousseux Rosé	211	429	0	23	0	0	30	18
Côtes-du-Jura Mousseux Blanc	10708	3289	4310	4916	1081	4091	1721	1193
Côtes-du-Jura Mousseux Rosé	460	181	0	261	69	144	65	113
L'Etoile Mousseux	1663	700	470	553	328	554	67	195
Total Effervescents	16369	6691	4963	6001	1534	5006	2066	1691
Arbois Vin de Paille	94	330	478	516	538	355	544	352
Côtes-du-Jura Vin de Paille	195	154	168	337	364	419	528	720
L'Etoile Vin de Paille	29	27	15	40	48	34	50	53
Total Vin de Paille	318	511	661	893	950	808	1122	1125
Château-Chalon	216	1459	1322	1536	1236	1761	2054	1717
Macvin du Jura	770	1209	1500	1719	1779	2898	2535	2863
Vin de base Crémant Blanc	0	0	5697	11153	5758	13969	12473	14012
Vin de base Crémant Rosé	0	0	0	113	174	914	400	973
Total vins de base Crémant	0	0	5697	11266	5932	14883	12873	17848
Total général	89508	75179	79113	98400	62278	101412	110758	96288

Source : agrément INAO – Centre de Poligny 29/03/01

Producteurs de Vin de Paille dans le Jura en 1990

Volume individuel	Nombre de producteurs
Moins de 2hl	17
Entre 2 et 5hl	27
Entre 5 et 10hl	13
Entre 10 et 25hl	8
Plus de 25hl	1
Total	66

Source : INAO demandes d'agrément

Le prix

Difficile de donner une fourchette de prix qui peuvent au demeurant être très fluctuants, d'un millésime à l'autre, d'un producteur à l'autre. Mais il est certain que le vin de paille est relativement cher, comme tout grand vin liquoreux. Cet état de fait était déjà signalé au xixe siècle, pour des raisons identiques à celles d'aujourd'hui : vendanges délicates, faible productivité, élaboration longue, contraintes légales nombreuses.

Mais quelle récompense et quel plaisir !

Des maladies toujours menaçantes…

À la fin du xixe siècle le vignoble jurassien, comme les autres, fut détruit par le phylloxéra. Il fit son apparition en 1886 et se manifesta en premier à Villette lès Arbois.

Une *nouvelle* maladie a fait son apparition voici quelques années, due à un champignon microscopique : l'*esca*. En fait, une attaque ancienne puisque connue des Romains jadis, mais qui se manifeste d'une façon plus pressante depuis une trentaine d'années. Une maladie *nationale*, le Jura n'étant pas le seul concerné. Cela se traduit par un dépérissement rapide du pied de vigne en juillet/août : les feuilles jaunissent brutalement, rougissent, sèchent et tombent en quelques jours. Le problème est qu'on ignore la provenance exacte des parasites responsables de ce fléau qui se manifeste par une épaisseur des tissus ligneux empêchant la circulation de la sève et qu'on ne sait comment combattre vraiment cette maladie. Des études sont en cours par les chercheurs pour identifier la cause, l'origine et la façon de la combattre. En fait, il semble que l'arséniate de plomb (l'arsenic) soit efficace, mais celui-ci trop dangereux déjà pour les utilisateurs est strictement interdit.

L'une des hypothèses, après avoir constaté que la maladie touchait surtout les vignes plantées fin des années soixante début des années soixante-dix et celles de 15/20 ans, est que la recherche des gros rendements a affaibli les pieds fournis alors et que ceux-ci sont devenus plus sensibles aux attaques. La façon de tailler pourrait être aussi en cause. Mais il ne s'agit que de direction de recherches parmi d'autres, pas de certitudes.

Le seul remède pour l'instant est d'arracher tout de suite le pied de vigne pour empêcher la propagation des spores aux autres pieds encore sains. Un travail à faire rapidement pour éviter toute contamination et il ne faut pas laisser les ceps arrachés en tas afin d'éviter que l'épidémie ne recommence sur les autres pieds.

Certains pratiquent le marcottage, c'est-à-dire l'enterrement d'une tige aérienne d'un pied voisin pour refaire une racine, afin de compenser la mort des pieds touchés.

Autre menace, elle aussi très prégnante, la *flavescence dorée*, due à la cicadelle, un insecte de l'ordre des homoptères originaire de la région des Grands Lacs aux USA. L'insecte pond ses œufs dans le pied de vigne et les larves s'y développent. Une maladie inquiétante qui nécessite des contrôles permanents et une mise en quarantaine en cas d'attaque : si cela se produit sur une parcelle, tous les ceps de celle-ci doivent être arrachés et brûlés.

… et toujours les drosophiles

Certaines années, les drosophiles ou mouches du vinaigre pullulent par nuages. Un envahissement quelque peu problématique car s'attaquant au raisin, elles le piquent et gâtent son goût. Or, pas de possibilité d'utiliser des produits qui détruiraient ou éloigneraient l'insecte sans corrompre le raisin. Aucun parasite de la drosophile n'est non plus connu. Elle est seulement éliminée par le froid. Mais on ne sait toujours pas comment les larves passent l'hiver ! Un prix Nobel de Biologie s'est penché sur la question…

VIGNERONS AYANT DÉCLARÉ UNE RÉCOLTE DE VIN DE PAILLE EN 2010

Abbaye de St Laurent	39600	Montigny les Arsures
Baud Père et Fils	39210	Le Vernois
Benoit Denis	39600	Pupillin
Benoit Paul et Fils	39600	Pupillin
Berthet-Bondet Jean	39210	Chateau Chalon
Boilley Joël	39100	Dole
Boille y Luc	39210	St Germain les Arlay
Boisson Jp & Jy	39230	Toulouse le Chateau
Bornard Philippe	39600	Pupillin
Butin Philippe	39210	Lavigny
Caire Nicolas	39190	Ste Agnes
Caveau des Byards	39210	Le Vernois
Chateau d'arlay	39140	Arlay
Chevassu-Fassenet Marie-Pierre	39210	Menetru le Vignoble
Clairet Évelyne et Pascal	39600	Arbois
Clavelin Hubert et Fils	39210	Le Vernois
Clerc Élisabeth	39230	Mantry
Courbet	39210	Nevy sur Seille
Credoz Jean-Claude	39210	Chateau Chalon
EARL de Chantemerle	39800	Poligny
GAEC de La Petite Marne	39800	Poligny
GAEC de Vauxelles	39600	Montigny les Arsures
Domaine Benoît Badoz	39801	Poligny
Domaine de la Pinte	39600	Arbois
Domaine de la Touraize	39600	La Ferte
Domaine de Savagny	39570	Crancot
Domaine des Juralies	39210	Menetru le Vignoble
Domaine du Tausson	39140	Ruffey Sur Seille
Domaine Foret	39600	Arbois
Domaine Henri Maire	39600	Arbois
Domaine Pêcheur	39230	Darbonnay
Domaine Pignier	39570	Montaigu
Dugois Daniel	39600	Les Arsures
Faudot Sylvain	39600	St Cyr Montmalin
Frachet Florian	39190	Maynal
Fromont Géraud	39570	Cesancey
Fruitiere Vinicole d'arbois	39600	Arbois

Fruitiere Vinicole Pupillin	39600	Pupillin
Fruitiere Vinicole Voiteur	39210	Voiteur
Fumey Chatelain	39600	Montigny les Arsures
Ganevat	39190	Rotalier
Gouillaud Vins	39600	Pupillin
Grand	39230	Passenans
Grand Dominique	39230	St Lothain
Grandes Vignes Zanada	39570	Gevingey
Grappe Didier	39230	St Lothain
Houillon Emmanuel	39600	Pupillin
Joly Claude et Cédric	39190	Rotalier
Labet Alain	39190	Rotalier
Labet Julien	39190	Rotalier
Lambert Frédéric	39230	Le Chateley
Le Clos des Grives	39570	Chille
Ligier	39600	Arbois
Lornet Frédéric	39600	Montigny les Arsures
Maire Jean-Charles	39110	Marnoz
Mareschal Julien	39600	Pupillin
Martin Faudot	39600	Mesnay
Monnier Grégory	39140	Bletterans
Montfied (du)	39140	Arlay
Morel Thibaut	39800	Poligny
Mossu François	39210	Voiteur
Mouillard Jean-Luc	39230	Mantry
Nicod Gilles	39190	Orbagna
Parrot Vve & Fils	39210	Voiteur
Peltier Philippe	39210	Menetru le Vignoble
Perrin Christophe	39570	Vernantois
Petit Désiré	39600	Pupillin
Petit Jean-Michel	39600	Pupillin
Pichet Michel	39210	Lavigny
Puffeney Jacques	39600	Montigny les Arsures
Quillot G.	39570	Crancot
Richard Christophe	39210	Le Vernois
Robelin Bruno	39210	Le Vernois
Robelin Didier	39210	Voiteur
Rodet Aimé	39210	Menetru le Vignoble

Rolet Père et Fils	39600	Arbois
Rousset François	39210	Voiteur
Salaün Cédric	39230	Passenans
Tissot André & Mireille	39600	Montigny les Arsures
Tissot Jacques	39600	Arbois
Treuvey Rémi	39600	Villette les Arbois
Vignes de Bry (Les)	39190	Maynal
Wicky Gilles	39190	Ste Agnes

REMERCIEMENTS

L'auteur remercie les vignerons qui l'ont accueilli, fait découvrir leur vin, expliqué leur travail et leur recette du vin de paille, évoqué leur histoire familiale, leur passion pour ce vin d'exception et consacré un temps précieux à une période ou leur temps est compté, cela toujours avec une belle générosité.

Merci aussi à Christophe Menozzi, Pierre Carpentier, Michel Noir, Michel Converset et tous ceux qui ont confié leurs secrets d'accords mets et vin.

Merci au CIVJ et à la SVJ qui ont fourni, entre autres, chiffres et statistiques et contribué à la réalisation de ce livre.

Merci enfin à tous ceux qui d'une façon ou d'une autre ont permis cette célébration du **Vin de Paille**.

Bibliographie sommaire

Brisis (de) Bruno, Christian et Éric.- *Vins, vignes et vignobles du Jura*. Éditions Cêtre, 1992

Chauveau Anne et Barbeaux Jean-Claude.- *Les vins d'Arbois*. Éditions Tigibus, 2005

Dumay Raymond.- *Petit guide de poche du vin et de la cave*. Éditions Tchou, 1980

Ferrand Gérard.- *Arlay*. Éditions Tigibus, 2003

Gautier Jean-François.- Le vin à travers les âges, de la mythologie à l'œnologie. Éditions LCF, 1989

Dr Guyot Jules.- *Études des vignobles de France*, 2 tomes. Georges Masson Éditeur, Paris -Imprimerie Nationale, 1876

Johnson Hugh.- *Le guide mondial du connaisseur de vin – vins, vignobles et vignerons*. Éditions Robert Laffont, 1984

Machard Henri.- *Traité sur les vins*. J. Bonvalot Imprimeur-éditeur à Besançon, 1860 5ᵉ réédition revue et augmentée, 1874

Dr Maury.- *Soignez-vous par le vin*. Éditions NIL, 2011 (réédition)

Pidoux Jean-Pierre.- *Découvrir les vins du Jura*. Éditions Cabédita, 1993

Pidoux Jean-Pierre.- *Le vignoble et les grands vins du Jura*. Éditions Marque-Maillard, 1988

Pitte Jean-Robert.- *Le désir du vin à la conquête de monde*. Librairie Arthème Fayard, 2009

Pitte Jean-Robert.- *Le vin et le divin*. Librairie Arthème Fayard, 2004

Royer Claude.- *Le vin de paille ou l'art du vin*. Éditions Château Pecauld, 2001

Rouget Charles.- *Les vignobles du Jura et de la Franche-Comté*. Auguste Cote Libraire-éditeur à Lyon, 1897 (réédition en 1993)

Schoonmaker Franck.- *Le livre d'Or du vin*. Éditions Marabout, 1976

NOTES DE DÉGUSTATION

· ·
· ·
· ·
· ·
· ·
· ·
· ·
· ·
· ·
· ·
· ·
· ·
· ·
· ·
· ·
· ·
· ·
· ·
· ·
· ·
· ·
· ·
· ·

Table des matières

ACHEVÉ D'IMPRIMER
SUR LES PRESSES
DE NÉO TYPO
À BESANÇON
LE 22 JANVIER 2012
JOUR DE LA SAINT VINCENT